绿色金融及其发展研究

鲁冬阳　著

延边大学出版社

图书在版编目（CIP）数据

绿色金融及其发展研究 / 鲁冬阳著. -- 延吉 ： 延边大学出版社, 2023.11

ISBN 978-7-230-05915-2

Ⅰ．①绿… Ⅱ．①鲁… Ⅲ．①金融业－绿色经济－研究－中国 Ⅳ．①F832

中国国家版本馆 CIP 数据核字(2023)第 222764 号

绿色金融及其发展研究

著　　者：鲁冬阳

责任编辑：耿亚龙

封面设计：文合文化

出版发行：延边大学出版社

社　　址：吉林省延吉市公园路 977 号　　　　邮　　编：133002

网　　址：http://www.ydcbs.com　　　　E-mail：ydcbs@ydcbs.com

电　　话：0433-2732435　　　　传　　真：0433-2732434

印　　刷：廊坊市广阳区九洲印刷厂

开　　本：710×1000　1/16

印　　张：13.5

字　　数：220 千字

版　　次：2023 年 11 月 第 1 版

印　　次：2023 年 11 月 第 1 次印刷

书　　号：ISBN 978-7-230-05915-2

定价：78.00 元

前　　言

作为新发展理念之一，绿色发展正日益受到各界的重视。转变发展模式，实现经济增长与环境保护的协调共进，既是原有粗放式发展模式的被迫转型，更是"创新、协调、绿色、开放、共享"的新发展理念的主动选择。只要有适当而充分的政策设计和市场发展，"金山银山"与"绿水青山"是可以共存、共融、共进的。绿色金融市场的发展就是实现绿色发展的重要支撑。

随着全球变暖等环境问题日益突出，建设全球环境治理体系和绿色可持续发展体系成为国际共识，绿色金融在解决环境问题中的地位也越来越突出，与之相关的责任投资原则、赤道原则、绿色债券原则、气候债券标准等逐渐被人们接受，国际组织、政府、非政府组织以及企业等众多主体积极参与进来，形成了绿色信贷、绿色债券、绿色投资、绿色基金、绿色保险等绿色金融产品体系，最前沿的互联网技术和区块链技术也被吸纳进来。

本书针对绿色金融与绿色发展进行了详细的分析和研究，首先介绍了绿色发展、绿色经济与绿色金融，其次重点分析了绿色金融的技术载体、中国绿色金融体系构建以及绿色金融机构与创新，最后在未来绿色金融的发展方面做出重要探讨。

在本书写作过程中，笔者查阅了大量的政策文件、专业报告、相关专著和学术论文。但受时间和水平所限，书中难免存在疏漏甚至错误之处，敬请各位专家、读者批评指正。

鲁冬阳

2023 年 7 月

目　　录

第一章　绿色发展与绿色经济

第一节　"绿色"的定义
以及不同领域的探索

一、"绿色"的定义

我国生产制造等行业部门在多个领域开展了关于绿色方面的探索和实践，定义了分别适用于不同领域的绿色概念。总体而言，各部门的政策标准有各自的行业特征。

何为"绿色"？这是一个较为复杂的问题，存在可探讨的空间。本节主要针对工业生产领域，结合相关的行业属性，从绝对绿色和相对绿色两个维度，对"绿色"进行简要的分析和探讨。

（一）绝对绿色

所谓绝对绿色，即某些行业因为本身的技术特点、行业运行模式、对资源和能源的消耗程度等方面的固有属性，决定其在生产或者运营过程中，对生态系统、自然环境和社会环境造成的影响或破坏很小，甚至可以加入生态系统和自然环境中去。例如林业，除去单纯的伐木业，以保护性或持续性利用为目的的林业开发，在没有外来物种入侵的前提下，基本可以融入局地的生态环境，并且可以作为稳定的生态系统生产者，为野生动植物提供栖息环境，改善局地的小气候，并可以迟滞沙尘、改善水土流失、延缓土地荒漠化。再如风力发电，除去个别项目可能在候鸟迁徙路线上对鸟类形成一定的干扰，以及风力发电机在运行中产生一定噪声，风电场通常远离城市建成区，风机本身占地面积小，基本不占用土地资源，不影响地面生态系统的正常运行，且发电环节基本无任何污染物排放。

当然，绝对绿色中的行业类型也存在一定的差异性，即部分行业的运行模式通常在主要的环境要素或者生态系统中不产生显著的影响，但在部分环节或者相关联的领域仍存在负面影响。例如光伏发电，对于分布式的光伏发电系统，通常可以见缝插针，有效利用办公楼宇、工农业设施等闲置的受光面积，实现并网发电；但是对于集中式的光伏电站，则需要占用相当面积的土地资源，才能实现一定规模的装机容量，受土地资源的限制，集中式光伏电站通常需要选择城市建设用地和工农业用地之外的土地进行建设。

（二）相对绿色

所谓相对绿色，即对于大多数的工业形式而言，均需要消耗相当数量的能源和资源，并通过各种技术工艺手段，将能源和资源转换成工业产品，进而服务于下游工业生产或居民的生产与生活消费。伴随生产的过程，通常有能源转化和资源消耗，以及污染物排放，如燃用化石燃料产生的大气污染物、以水为溶剂或生产物料而产生的废水、边角废料等固体废物，特别对于某些产能很大的行业，其伴生的废弃物排放量和能源消耗量巨大。此时如果采用新型技术手段，改善工艺流程，减少物料和能源消耗，控制或削减污染物排放，就能有效减少最终的污染物排放量和能源消耗量。在某些固有的高污染、高排放、高能耗行业中，通过各种手段进行节能减排，可以产生较好的节约与减排效果。这样的节能减排行为，可能并不能改变行业本身的污染属性，但是可以视为相对绿色，也可以视为某个行业内的最先进水平，值得行业效仿，进而推动全行业的技术进步。

　　此外，相对绿色还包括污染防治、环境整治等行业或者项目。污染防治是公众最初接触到的环保类概念的产业形式，就是包括处理工业废水和生活污水、各类型烟气的脱硫脱硝除尘、处理处置固体废弃物、屏蔽隔绝噪声污染等形式，尤以工业领域的废水、废气、废渣三个方面的污染防治和控制最早受到社会关注，行业发展也较为成熟。然而，受限于人们对污染防治的认识程度以及可采取措施的便利程度，目前仍多集中在污染治理这一末端治理的环节。同时，污染物的治理设施仍然是重要的污染点源，如处理后经烟囱排放的烟气、污水处理厂的尾水等仍然是污染物，虽然其浓度大幅降低，但只是局部控制了污染物的超标排放，仍需要依靠环境容量的消纳和降解。目前，通常的污染治理相当于将污染从一种形式转换为另一种形式，没有从本质上消除污染，因而此类型仅能视为相对绿色。

　　当前，众多部门均在推动绿色发展，减少资源和能源消耗，降低对环境的影响和破坏，实现人与生态环境的友好相处，发展绿色经济。总结各类标准文件不难发现，其中所涉及的国家标准，均为国家推荐标准，这也就意味着，此类国家标准仍未上升为强制性的国家标准；同样的，相关的行业标准也大部分为行业推荐标准。

　　各个行业在绿色概念的实践和探索应用中，通常重点考虑和关注包括节约能源、节约资源、减少排放、降低环境影响等方面的工作，如"三绿工程""四节一环保"等。不同行业由于技术工艺、运行模式等因素的差异，本身存在特定的行业属性，这也决定了行业本身的"环境友好"能力。对绿色概念的探索，总体上是各行业在探索可持续的发展路径、开展节能减排的行动、为实现生态环境保护最终目标进行的调整与完善，这值得我们充分肯定和支持。但是，不同行业的绿色实践仍具有差异性，如重污染行业节能减排的努力值得鼓励，但无法从本质上改变行业污染的特性，只有技术上的全面进步才能带来行业属性的质变。

　　我国已把绿色发展作为社会经济发展的基本理念，那么社会经济的多个领域和部门，均会或多或少地面对本行业内的绿色转型升级。比如为项目建设和运营等全领域确定统一的绿色界定标准,进而考虑绿色的分层。例如,可以考虑确定绿色行业,此类行业内企业的融资行为均可视为绿色融资,绿色金融工具可以优先予以支持;对于一般行业,行业内运用先进节能环保技术的企业或者项目公司,也可以视为绿色企业,由绿色金融予以一定的支持;对于一般行业的一般企业,则仅考虑一般的金融支持。这样可以通过绿色金融产品和工具带来分层支持的效应,将资金优先用以支持绿色属性明确的行业和企业的发展,同时鼓励支持一般行业内的一批先进企业采用新型技术、环境友好型技术、清洁生产技术等,努力跻身行业前列,进而带动全行业的技术进步,推动行业的转型升级。当然,我国经济规模很大,仅制造业就有众多门类,涉及方面很多,推动此项工作难度很大,可考虑在典型绿色行业和能源资源消耗特别大的典型一般行业开展一定的探索和试点,逐步推动我国绿色界定的标准化工作。

二、不同领域对"绿色"的探索

在绿色金融、绿色产品、绿色施工、绿色制造、绿色旅游、绿色交通、地方绿色标准等方面,我国多个部门和地区开展了较多的对绿色概念厘定的探索,并取得了良好的进展。

(一)绿色金融相关领域

2012 年,中国银行业监督管理委员会(简称"银监会",现为国家金融监督管理总局)发布《绿色信贷指引》(银监发〔2012〕4 号),对绿色信贷进行有效规范和指导,绿色信贷规模日益扩大。2015 年末,中国人民银行发布《中国人民银行公告〔2015〕第 39 号》(以下简称《39 号公告》)及其附录《绿色债券支持项目目录(2015 年版)》(以下简称《目录》),国家发展改革委出台《绿色债券发行指引》(发改办财金〔2015〕3504 号)(以下简称《指引》),对我国绿色债券市场的绿色项目进行了系统的梳理和规范。在上述政策文件的指导下，我国的绿色债券市场发展良好。

（二）绿色产品相关领域

1999 年，商务部会同中宣部、科技部、财政部等 13 部门共同实施了以"提倡绿色消费、培育绿色市场、开辟绿色通道"为主要内容的"三绿"工程，在各地区、各部门的共同努力下，绿色消费、绿色市场、绿色通道得以良好发展。在此基础上，国家质量监督检验检疫总局（今国家市场监督管理总局）于 2003 年推出了关于农副产品绿色零售/批发市场的国家推荐标准。

2006 年，农业部（今农业农村部）陆续更新了 2000 年关于绿色食品的国家标准。绿色食品对于产地环境质量、农药使用等方面要求的严格程度，高于普通的"无公害农作物"的标准，但仍低于"有机食品"的标准。绿色食品相关标准的推出，促使农产品生产领域开始关注农业的可持续发展，注重提高农产品的质量。随着公众越来越关注食品安全，绿色食品标准也在某种程度上推动了农药、化肥的合理使用，进而减少了农业面源污染。

2017 年，国家质量监督检验检疫总局推出了《绿色产品评价通则》，此标准由中国科学院生态环境研究中心等单位起草，将绿色产品定义为"在全生命周期过程中，符合环境保护要求，对生态环境和人体健康无害或危害小、资源能源消耗少、品质高的产品"。同年 12 月，国家质量监督检验检疫总局又推出了一系列绿色产品的评价标准。总体来看，目前绿色产品标准推出的并不多，尚未完全覆盖工业和民用消费品领域，但绿色产品作为新的消费导向，可以在一定程度上倒逼相关行业重视环境友好的绿色化生产模式，提高产品生产的技术含量，摒弃落后粗放的生产模式，降低能源和资源消耗，推动制造行业的整体进步和转型升级。

（三）绿色制造相关领域

制造领域早就推出了绿色标准，如 2011 年初推出的《绿色制造 机械产品生命周期评价 总则》（GB/T 26119—2010），主要针对机械产品进行生命周期评价（LCA）；2012 年 6 月，国家发布了 6 项关于绿色制造的相关标准，包括工艺规划、干式切削、机床再制造、铸造等相关方面。此后，2016 年 8 月，国家在《绿色制造 机械产品生命周期评价 总则》的基础上，推出了细则标准，即《绿色制造 机械产品生命周期评价 细则》（GB/T 32813—2016）。从总体上看，在与机械产品相关的绿色制造领域，已经有较多的规范和要求。

在机械产品之外，工信部从 2016 年起，为贯彻落实《中国制造 2025》战略部署，一直在推动绿色制造/绿色工厂相关工作，包括 2016 年推出的《绿色制造标准体系建设指南》和《工业绿色发展规划（2016—2020 年）》，以及 2018 年征求各方意见后推出的《绿色工厂评价通则》（GB/T 36132—2018），这也是我国首次制定并发布绿色工厂相关标准。

（四）绿色旅游相关领域

旅游业是现代服务业的重要组成部分。在绿色饭店方面，早在 2002 年，国家经济贸易委员会（今商务部）参考丹麦和加拿大等国关于绿色饭店的相关管理文件，制定并发布了我国的商业行业标准《绿色饭店等级评定规定》（SB/T 10356—2002）（已废止）。此后，国家旅游局（今文化和旅游部）在 2006 年推出旅游行业标准《绿色旅游饭店》（LB/T 007—2006）（该标准已于 2015 年修改），将绿色旅游饭店定义为：以可持续发展为理念，坚持清洁生产、倡导绿色消费、保护生态环境和合理使用资源的饭店。此后在二者的基础上，2007 年国家标准《绿色饭店》（GB/T 21084—2007）发布，并将绿色饭店定义为：在规划、建设和经营过程中，以节约资源、保护环境、安全健康为理念，以科学的设计和有效的管理、技术措施为手段，以资源效率最大化、环境影响最小化为目标，为消费者提供安全、健康服务的饭店。绿色景区方面，国家旅游局分别于 2011 年和 2016 年推出了两项旅游行业标准——《绿色旅游景区》（LB/T 015—2011）和《国家绿色旅游示范基地》（LB/T 048—2016），对相关景区和基地实施绿色管理和服务的规范要求和技术指标进行了规定。此外，对与绿色饭店相关的建筑，住房和城乡建设部联合国家市场监督管理总局于 2016 年发布了《绿色饭店建筑评价标准》（GB/T 51165—2016），要求绿色饭店建筑须结合所处地区的实际情况，对饭店建筑全寿命期内"四节一环保"等性能进行综合评价。

绿色旅游相关的标准以行业标准为主，对应的国家标准则建立在行业标准的基础之上。旅游业本身属于资源能源消耗量不太显著的服务业，但由于游客行为和管理直接面向景区，尤其对于生态承载力有限的自然遗产类型的景区，只有妥善设置合理的管理边界、安排适当的业务经营，才能实现景区的可持续发展与生态环境保护的协调统一。总体上，随着公众环保意识的觉醒和舆论宣传的深入，我国与景区相关的环境治理和绿色旅游理念正在向着积极的方向转变。

（五）绿色交通等其他领域

交通方面，传统领域如公路、航空等也在探索合理的绿色发展途径。比较典型的包括：由交通运输部 2016 年 8 月提出的《关于实施绿色公路建设的指导意见》，要求到 2020 年基本建立绿色公路建设标准和评估体系，并开展一批示范工程。在传统意义上，公路属于高碳排放和大气污染线源的范畴，但是也可以在节能减排领域开展相应的行动。类似的也有机场建设和航站楼建设，由于民航业运输工具的特殊性，飞行以及为飞行配套的机场和航站楼，通常也存在较高的污染排放和能源消耗。2017 年初，民航局推出了民航行业标准《绿色航站楼标准》（MH/T 5033—2017）和《民用机场绿色施工指南》，用以指导绿色航站楼和绿色机场的建设运营，推动节能减排。

采矿业方面，作为传统的非可再生资源开发利用领域，采矿业通常被视为与绿色概念范畴距离较远的行业。国土资源部（今自然资源部）、环境保护部（今生态环境部）等六部委于 2017 年推出了《关于加快建设绿色矿山的实施意见》，提出将绿色发展理念贯穿于矿产资源规划、勘查、开发利用与保护全过程，形成符合生态文明建设要求的矿业发展新模式。

此外，2005 年 2 月，国家发展改革委推出的物资管理行业标准《绿色拆船通用规范》，属于循环经济范畴的规范和指导；2017 年 5 月，水利部发布的《绿色小水电评价标准》，本身就属于《目录》中"水力发电"的范畴，但相比在生态和社会方面影响较大的大型水电建设，小水电本身的绿色属性更为清晰明确，在国际上也被广泛认可为清洁的可再生能源。

总体而言，除了传统意义上适用于绿色环保的行业领域，其他被视为非可再生资源开发、高碳高排放等行业领域，均重视本行业部门的绿色化转型和发展，绿色理念也越来越为各个行业所重视。

三、地方绿色标准对"绿色"的探索

在国家各部门层面的政策、国家标准、行业标准之外，各地方也在相关领域开展了对绿色概念的探索和实践，并推出了一系列地方标准，如北京市、重庆市、广州市与绿色施工相关的地方标准，以及绿色金融试点区之一的湖州市，在 2017 年推出了《绿色矿山湿法工艺水循环处理规范》（DB3305/T 49—2017）地方标准。

从总体上看，地方标准是在国家标准等基础上，根据地方实际情况，有针对性地制定的。目前具有代表性的地方绿色标准探索实践主要集中在绿色施工领域，这也与工程施工与城市建设和城市居民及企事业社会团体的关系更为密切有关，不良施工造成的社会和环境影响也较为直接，妥善规范施工领域绿色化变革的实际需求显得迫切，带来的积极效应亦更为直接，获得关注和推广的可能性更大。例如，湖州市绿色矿山领域地方标准属于工艺水循环处理和利用的技术规范，也是对前述绿色矿山政策意见的积极响应，但此标准需限定在特定场所与特定生产环节，应用面相对较小。

第二节 绿色发展目标和模式

一、绿色发展目标

绿色发展有三个基本目标：一是优先解决国内的资源环境问题；二是依靠技术进步，提高产业的资源效率和绿色竞争力，实现绿色振兴，解决增长、脱贫和就业等发展问题；三是通过绿色转型，转变经济发展方式，特别是逐步从化石能源转向低碳、无碳的新能源，发展节能环保产业，促进经济体系的"绿色化"，以应对长期的气候变化和可持续发展挑战，实现智能、清洁、高效、低碳和协同增长。中国正处于工业化和城市化快速发展时期，以煤为主的能源结构使中国二氧化碳排放量处于世界前列，然而人均排放量大大低于发达国家，因此中国应承担共同但有区别的减排责任。传统产业节能减排、发展循环经济，是走向绿色发展的第一步；发展先进技术、采用物联网是走向绿色发展的突破点；调整能源结构、发展核能与可再生能源，是建设低碳社会、实现绿色发展的基础；创造低碳节能的生活方式，是建设低碳社会、实现绿色发展的根本保证。

2010—2019 年是中国实现快速工业化、城市化以及转变经济发展方式的关键 10 年。在这 10 年里，我国落实《中华人民共和国循环经济促进法》，通过节约能源、不断提高资源利用效率、改善环境质量，建设资源节约型、环境友好型和低碳导向型社会。因此，我们应把发展绿色经济、低碳经济、循环经济整合到绿色发展的框架下，并把绿色发展作为可持续发展战略在这一时期的集中表现，重点解决相关问题，积极应对各种挑战。

针对国内外迅速变化的形势，为了实现绿色发展的目标，我们需要制定切实可行的绿色发展战略，投资绿色创新，为今后长期的可持续发展创造良好的条件。由于绿色发展与创新涉及广泛的领域，因此我们应对以下几个方面予以优先关注：

（1）制订中国绿色发展的综合战略规划和行动计划。

（2）加快制度创新，制定绿色发展的相关政策。

（3）投资绿色科技创新。

（4）调整对外经济合作战略，提升海外开发的社会和环境责任意识。

（5）加快发展资源节约、环境友好的战略性新兴产业。

二、绿色发展及绿色发展模式

对于绿色发展的概念，著名学者胡鞍钢认为，所谓绿色发展，就是强调经济发展与保护环境的统一与协调，即更加积极的、以人为本的可持续发展之路。要想实现绿色发展，就要既改善能源资源的利用方式，又保护和恢复自然生态系统，实现人与自然的和谐共处。笔者认为，绿色发展是在循环经济、绿色经济、可持续发展、低碳经济等热门概念的基础上衍生出来的，是对以上词汇的综合归纳和高度概括。绿色发展是资源节约型、环境友好型、社会进步型的可持续发展，它不同于"高消耗、高污染、低效率、低效益"的传统发展模式，而是在考虑全球气候变化及生态危机的情况下，强调经济发展与社会进步及生态建设的统一与协调。它表明我国在实现和平崛起的过程中，应对自然资源做到最高效的利用，使用清洁能源，进行清洁生产，尽最大可能减少碳排放，把对环境的污染破坏降到最低限度，并使人们的素质得到提高、社会得到进步。

　　可见，从气候恶化、生态遭到破坏、自然资源逐渐耗竭等问题成为国际关注的热点的演变过程及当前绿色发展的使命来看，绿色发展是学术界及政府在对发展模式进行创新的过程中提出的新的发展理念，是建立在生态环境容量和资源承载力的约束条件下，将经济发展、环境保护及社会进步作为实现可持续发展重要支柱的发展模式。绿色发展是新发展理念的重要组成部分，这种发展模式与传统工业化下的"黑色"发展模式具有本质上的不同。如果说"黑色"发展是不要"绿"只要"金"的话，那么绿色发展则是既要"绿"也要"金"。从内涵上看，绿色发展是在传统发展模式基础上的一种模式创新，是建立在生态环境容量和资源承载力的约束条件下，将环境保护作为实现可持续发展重要支柱的一种新型发展模式。具体来说包括以下几个要点：一是将环境资源作为社会经济发展的内在要素；二是把实现经济、社会和环境的可持续发展作为绿色发展的目标；三是把经济活动过程和结果的绿色化、生态化作为绿色发展的主要内容和途径。

　　真正的绿色发展模式并不像一些极端环保主义者所主张的那样，全球停止经济增长；相反，绿色发展模式认为，发展中国家必须首先恢复经济增长，因为经济增长有助于解决贫困和不发达问题，是减少贫困、改善环境最直接的手段。但是，经济增长的前提是必须保障自然资本的可持续性，更多地以人造资本代替环境和自然资本，提高能源和物质的使用效率，使经济增长逐步向低原材料消耗、低能耗的方向转变，通过"绿色"方式获得经济增长，实现经济与环境的协调发展。

三、中国向绿色发展模式的转变

　　以前，人类依靠科学技术大举征服自然，把自然界当成取之不尽、用之不竭的"原料库"和硕大无比的"垃圾桶"，由此引发的环境污染、生态失调、能源短缺、城市臃肿、交通紊乱、人口膨胀等问题相当严重，尤其是在发展中国家。经过改革开放以来的高速发展，中国已实现工业化，综合国力明显增强。但是在我国高速发展的背后同样是惊人的资源耗竭、生态破坏和环境污染，资源消耗不仅量大，而且浪费性使用问题非常严重。作为一个发展中的大国，经济的持续高速增长，带来了以上一系列的问题，使人们在继续追求经济发展的速度与规模的同时产生了许多新的发展诉求，党中央提出的"坚持以人为本，树立全面、协调、可持续的发展观"，构建和谐社会，推动整个社会走上生产发展、生活富裕、生态良好的文明发展道路的思想，正是这些诉求的集中体现。而发展绿色经济被认为是实现这一目标的重要途径。这就必然要求我们从传统的经济发展方式向绿色经济发展模式转变。

在"九五"时期（1996—2000 年），尽管受到了亚洲金融危机和内需不足的影响，我国仍保持了 8.63% 的经济增长率，现在看来这也是比较符合中国长期增长潜力的一个数值。这个时期一个很好的现象是我国实现了能源消费的低增长，年均只有 1.10%，从而使得能源弹性系数非常低。这一时期经济每增长 1 个百分点，能源消耗的增长只有 0.127 个百分点，因此能源消费与经济增长之间有所"脱钩"。最重要的是，这个阶段我国的二氧化碳排放绝对量在下降，年平均下降 2.85%，这种情况改革开放以来还是首次出现。由此我们可以判断，"九五"时期中国的经济增长模式的确有所转变。

然而很可惜的是，在"十五"规划中，节能减排没有作为一个重要的指标被提出来。因此在 2002 年以后，中国经济开始新一轮高增长的同时，能源消耗也出现了急剧的增加。根据国家统计局的统计数据，从 2001 年到 2008 年，中国年均经济增长率与前一个阶段（1996—2000 年）相比只提高了 1.6 个百分点，但是资源代价和污染代价都是巨大的，如能源消费的增长率就比前一阶段提高了 8.3 个百分点，达到 9.4%，因此我们称之为"高代价的高增长"。从经济学的角度来看，经济发展的"净福利"应该等于名义 GDP（国内生产总值）减去各类损失，如果按照这个标准来衡量的话，我国在这一阶段的"高增长"确实付出了资源和环境的巨大代价。

针对"十五"时期我国发展模式的问题，2005 年 10 月，清华大学国情研究中心首次做出独立的第三方评估，尖锐地批评了"十五"规划期间没实现节能减排，也没能很好地转变经济增长方式。针对"十五"规划期间的两个突出问题——二氧化碳排放增加和单位 GDP 能耗上升，政府在"十一五"规划中明确提出了节能减排的定量指标，并且首次将其作为政府的约束性指标，通过法定程序在 2006 年由全国人大通过并正式开始实施。

在过去的 30 多年时间里，我国创造了辉煌的经济奇迹，这是值得肯定的。取得这些经济成就很关键的一个前提条件是我们在这一时期成功地为经济发展创造并维持了国际环境的和平。假如我们未来想要进一步实现现代化，则必须继续构筑新的国际和平环境，而这个国际和平环境本质上就已经需要中国能够为全球提供公共产品，稳定全球气候变化，推动全球减排。这既是中国的机会，也是中国的责任。

第三节　绿色经济概述

绿色是生命的象征。然而，绿色经济的"绿色"却不是人们感知意义上的颜色，而是一种象征性用语。这里的"绿色"首先表现为一种观念，即可持续发展的观念；其次它还应体现为一种行动，即服务于可持续发展的活动；最后它表现为一种发展状态，即经济与环境的和谐发展。"绿色经济"既是指具体的一个微观单位经济，又是指一个国家的国民经济，甚至是全球范围的经济。

一、"绿色经济"的来源

"绿色经济"一词源自英国环境经济学家戴维·皮尔斯（David Pearce）于1989年出版的《绿色经济蓝图》一书。环境经济学家认为，经济发展的前提必须是自然环境和人类自身可以承受的，不会因盲目追求生产增长而造成社会分裂和生态危机，不会因自然资源耗竭而使经济无法持续发展，主张从社会及其生态条件出发，建立一种"可承受的经济"。皮尔斯等人提出了"绿色经济"这个新概念，表述他们对环境经济学研究的新进展，可以说是学术上的创新，这一学术成果也得到一些国家的认可，与此同时，绿色经济的新观念也得到了传播，所以这种学术效应必须得到肯定。但是，也正因为皮尔斯等人把绿色经济粘贴在环境经济学上，这在客观上就把绿色经济纳入环境经济学的理论框架之中，使它成为环境经济学的理论范畴。由此看来，皮尔斯等人对绿色经济的界定并不准确，这就必然在学术上造成某种不良的影响。

首先，视绿色经济为环境经济的代名词，必然歪曲了绿色经济的科学内涵和本质特征。绿色经济在本质上是取代工业经济并融合知识经济的一种全新的经济形态，是生态文明时代主导的经济形态。因此，绿色经济可以这样表述：以生态文明为价值取向，以生态、知识、智力资本为基本要素，以人与自然和谐发展和生态与经济协调发展为根本目标，实现生态资本增值的可持续经济。这样界定绿色经济，就准确地体现了绿色经济是人类文明由工业文明向生态文明转型的生态文明时代的产物，绿色经济学是人与自然和谐统一，生态与经济协调发展的生态文明时代的必然的理论概括与学理表现。环境经济学则是调整、修补、缓解人与自然的紧张，环境与经济的互损关系的工业文明时代的产物，是建设工业文明的理论概括与学理表现。因此，把绿色经济纳入环境经济学的理论框架，就必然掩盖了绿色经济的真实面目，极大地伤害了它的本质内涵和基本特征。

其次，把绿色经济纳入环境经济学的理论框架，就将绿色经济发展观和浅绿色环境发展观混为一谈，这样会误导绿色经济发展的实践。环境经济学的发展观实际上只是浅绿色环境发展观，它建立在环境与发展相互分离的基础之上，把生态环境作为经济增长的外生变量；其思想基础是人类中心主义，认为保护资源环境，归根结底是为了人类的生存与发展，把实现人类自身利益作为保护资源环境的出发点和归宿。因此，浅绿色环境发展观，只是主张克服由工业文明时代的发展造成的资源枯竭、环境污染的严重弊端，促进工业文明的高度发展。绿色经济发展规则是深绿色生态发展观，它是建立在自然、人、社会有机整体发展的基础之上的，把生态环境作为经济发展的内生变量；其思想基础是人类中心主义和生态中心主义的辩证统一，认为保护生态环境、建设生态文明不仅是为了人类的生存发展，更是为了自然生态系统的健康发展，人类生态实践的出发点和归宿是实现人类自身和自然的双重利益。因此，在现阶段发展的绿色经济，不仅要克服工业文明发展的各种弊端，而且要超越工业文明发展，创造生态文明的新形态。所以，把绿色经济纳入环境经济学的理论框架来指导实践，最多只能缓解生态环境危机，无法从根本上解决生态环境问题，也无法克服生态环境危机，更谈不上实现生态经济协调可持续发展。

二、中国学者对"绿色经济"的界定以及完善

基于皮尔斯等人对绿色经济的定义，中国学者提出发展绿色经济的新发展理念。1998 年，刘思华教授在给湖北省 21 世纪经济发展战略讨论会提交的《发展绿色经济推进三重转变》论文中，提出了发展绿色经济的新的经济发展观，并指出，"人类正在进入生态时代，人类文明形式正在由工业文明向生态文明转变，这是人类发展绿色经济，建设生态文明的一个伟大实践"。世界银行东太区民营经济发展部首席专家张春霖认为，"发展绿色经济是中国实现可持续发展战略的必经之路""也是企业生存与发展的现实选择""是中国首先提出的，是根据我国国情的现实选择"。邹进泰、熊维明在《绿色经济》一书中指出，绿

色经济发展"是从单一的物质文明目标向物质文明、精神文明和生态文明多元目标的转变。发展绿色经济，尤其是要避免'石油工业''石油农业'所造成的高消耗、高消费、高生态影响的物质文明，而造就高效率、低消耗、高活力的生态文明"。

2001 年 1 月，刘思华教授主笔的《绿色经济论——经济发展理论变革与中国经济再造》一书，根据现代经济发展的客观进程与内在逻辑，从一个全新的视角，采用"从一到多"的研究模式，深刻地阐明了一系列重大的绿色经济理论前沿和现实前沿问题，对绿色经济做了这样的界定："绿色经济是可持续经济的实现形态和形象概括。它的本质是以生态经济协调发展为核心的可持续发展经济。"这个界定肯定了绿色经济的生态经济属性，揭示了它有着可持续经济的本质特征，尤其是强调了"只有发展绿色经济，才能长期地保持自然生态的生存权和发展权的统一，使生态资本存量在长期发展过程中不至于下降或大量损失，保证后一代人至少能获得与前一代人同样的生态资本与经济福利"。该书还率先提出要在 21 世纪把社会主义中国建设成为"绿色经济强国"的奋斗目标。绿色经济新概念强调了三点：一是绿色经济本质上是生态经济协调可持续发展的经济形态；二是绿色经济是生态经济可持续发展的最佳模式，实质上是一种生态经济可持续发展模式；三是绿色经济建设，就其实质内容而言，既是通过生态建设而进行的经济建设，又是通过经济建设而进行的生态建设，是二者内在统一与协调发展的可持续发展经济建设。

综上所述，皮尔斯等人把绿色经济作为环境经济学代名词，对绿色经济所做的狭隘理解，只是看到它能够克服工业文明的"黑色"经济的弊端，却看不到甚至丢弃了绿色经济是生态与经济内在统一与协调发展的这一核心内容，丢弃了绿色经济是超越工业文明的"黑色"经济、创造生态文明的可持续经济的本质内涵。因此，只有把绿色经济作为生态经济发展与可持续性经济发展的新概括与代名词，才能揭示绿色经济的本质。这样，我们才能真正树立绿色经济发展观，才能实现从传统经济学的不可持续性经济发展观向绿色经济学的可持续性经济发展观的根本转变。绿色经济形象地概括了生态经济，准确地体现了可持续性经济，鲜明地反映了生态经济协调可持续发展。因此，绿色经济发展理论是可持续性经济发展理论在 21 世纪新发展的突出表现。

一般而言，绿色经济是以市场为导向、以传统产业经济为基础、以经济与环境的和谐为目的而发展起来的一种新的经济形式，是产业经济为适应人类环保与健康需要而产生并表现出来的一种发展状态。绿色经济包括第一、第二、第三产业的全部，渗透到社会经济生活的各个领域，是社会、经济、生态可持续发展的系统整体。绿色经济是低碳经济、循环经济和生态经济三者的结合，最终目的是要达到人与自然的和谐相处。在经济学界，绿色生产、绿色消费、绿色分配、绿色技术层出不穷，使绿色经济成为经济学界研究和讨论的热点命题。但直到今日，学界在绿色经济的内涵、外延及特征等方面都没有达成统一的认识，相关理论正处于不断探索和完善之中。

20 世纪以来，世界经济飞速发展，全球化不断深入，人类在享受丰硕物质成果的同时，也面临着巨大挑战。能源危机、气候变暖、环境污染等问题严重威胁人类生存和地球安全。传统的高消耗、高污染的发展模式弊端日益显现，且难以为继。恩格斯在《自然辩证法·导言》中告诫我们："不要过分陶醉于我们对自然界的胜利。对于每一次这样的胜利，自然界都报复了我们。"现实向我们敲响了警钟，必须改变传统的经济增长方式，实现经济绿色化。所以，大力发展绿色经济，开创绿色经济新时代，实现人类社会可持续发展，已经成为摆在全世界面前的一个亟待解决的重大课题。绿色经济是以强调人与自然协调发展为核心，以生态经济、知识经济为基础的一种可持续发展模式，符合人类历史发展潮流，蕴藏着巨大的发展潜力与经济价值，它将引导新的消费需求，引发新的技术革命和管理创新，开辟世界经济新的增长点。正如联合国前秘书长潘基文所说，"绿色经济正在对发展和创新产生积极的推动作用，它的规模之大，可能是自工业革命以来最为罕见的"。我们相信，在当前乃至今后很长一段时间，绿色经济必将成为经济复苏和发展的新引擎，将推动世界经济持续健康发展。当前，世界上很多国家都把大力发展绿色经济作为克服国际金融危机、抢占未来发展制高点的重要战略举措。全球已形成了一股绿色发展潮流。

绿色经济把保护环境、优化生态与提高效率、发展经济统一起来，提高资源配置的效率，促进资源的可持续供给。当今绿色的概念正在被广泛应用，从创建绿色生态农业到提倡"清洁生产"的绿色工业以及绿色建筑工程，从绿色消费、绿色旅游到绿色营销、绿色策划，都竞相以"绿色化"为荣耀，经济绿色化已成为一种潮流。所以，以可持续发展观为基础的绿色产业模式，成为当今产业经济发展的必然选择。

绿色经济是 20 世纪 60 年代以来伴随西方工业化国家的社会生态运动而兴起的一种清洁型经济形式，是可持续发展经济的实现形态及形象概括。通俗地说，绿色经济就是充分运用现代科学技术，以实施生物资源开发创新工程为重点，大力开发具有比较优势的绿色资源，巩固提高有利于维护良好生态的少污染或无污染产业，在所有行业中加强环境保护，发展清洁生产，不断改善和优化生态环境，促使人与自然和谐发展，人口、资源和环境相互协调、相互促进，实现经济社会可持续发展的经济模式。这主要强调四点：首先，绿色经济模式强调经济、社会和环境的一体化发展；其次，绿色经济能够体现出自然环境的价值；再次，绿色经济的自然资源利用具有公平性；最后，绿色经济可以引导产业结构的优胜劣汰。

绿色经济的本质是以生态、经济协调发展为核心的可持续发展经济，是一种融合了人类的现代文明，以高新技术为支撑，使人与自然和谐相处，能够可持续发展的经济，是市场化和生态化有机结合的经济，也是一种充分体现自然资源价值和生态价值的经济。它是一种经济再生产和自然再生产有机结合的良性发展模式，是人类社会可持续发展的必然产物。绿色经济的范围很广，包括生态农业、生态工业、生态旅游、环保产业、绿色服务业等。在绿色经济模式下，环保技术、清洁生产工艺等众多有益于环境的技术被转化为生产力，通过有益于环境或与环境无对抗的经济行为，实现经济的可持续增长。人们经常讨论和关注的生态经济、循环经济、低碳经济与绿色经济一脉相承，而能源技术革命（如清洁能源、替代能源的开发和利用）被认为是绿色经济的核心。

三、发展绿色经济的必然性

（一）发展绿色经济是破解我国资源环境约束的必然要求

工业化和城市化的高速发展，需要消耗大量的资源能源。根据国际经验，只有人均年收入达到 1 万美元，人均能源消耗和污染排放增速才会放缓，最后保持稳定或略有下降。我国资源总量虽然比较丰富，但人均资源占有量低，水资源、耕地人均拥有量仅分别为世界平均水平的 28%、43%，石油、天然气人均储量不到世界平均水平的 10%。同时，工业废水、废气和固体废弃物排放量保持较高的增长，给生态环境造成很大压力，主要表现为：江河湖泊水质恶化；水土流失、荒漠化严重；大规模矿产资源开采造成土地沉陷、水位下降、植被破坏等；由环境问题造成的损害群众健康的问题时有发生。

（二）发展绿色经济是扩大内需的必然要求

国际金融危机之后，全球经济结构面临着重大而深刻的调整，我国经济增长高度依赖国际市场，投资率偏高、消费率偏低的格局必将难以持续，这就要求我们努力开拓国内市场，扩大内需，增强抵御国际市场风险的能力。以节能环保产业为例，从国际经验看，在 20 世纪 70 年代，日本节能环保投资约占全社会固定资产投资的 33% 左右，不仅有助于解决经济起飞阶段的资源环境问题，而且有效拉动了经济增长。我国节能环保产业市场广阔，2008 年总产值即达 1.55 万亿元，就业人数超过 3 700 万人。

（三）发展绿色经济是加快经济发展方式转变、提高国际竞争力的必然要求

当前，世界主要国家纷纷把新能源、新材料、生物医药、节能环保作为新一轮产业发展的重点，以抢占未来经济发展制高点。与传统产业相比，我国在

若干新技术领域与发达国家的差距较小，如新能源，我国初步形成了规模较大、体系相对完善的新能源产业，加上广阔的市场前景，可望形成与发达国家相比具有成本优势、与发展中国家相比具有技术优势的独特竞争力。大力发展绿色经济，可以推动产业结构优化升级，形成新的经济增长点，在国际经济技术竞争中赢得主动权。

四、绿色经济与传统经济的区别与联系

绿色经济与传统经济的区别在于：传统经济是以破坏生态平衡、大量消耗能源与资源、损害人体健康为特征的经济，是一种损耗式经济；而绿色经济是以维护人类生存环境、合理保护能源与资源、有益于人体健康为特征的经济，是一种平衡式经济。

现在世界各国都已经意识到发展绿色经济的重要性，并已经开始积极采取各种措施来实现绿色发展。例如，当前以美国为首的欧美国家正积极进行一场以发展绿色经济为核心的"经济革命"，美国犹他州的生物技术谷、日本的筑波生物产业区、德国的慕尼黑生物产业区、英国的剑桥生物产业区是绿色经济群落发展的典型代表。

五、绿色经济的理论框架

（一）绿色经济的系统框架

绿色经济是将自然资本作为经济发展的内生变量，以绿色文明为基本价值观，以资源节约、环境保护和消费合理为核心内容，以绿色创新为根本动力，通过技术创新与绿色投入，改造传统产业与发展新兴绿色产业，全面绿化整个经济系统，实现绿色增长与人类福祉最大化的经济形态。绿色经济主要由绿色

劳动者、绿色企业、绿色市场和中介组织、政府、社会等各个部门共同参与。因此，应该将绿色经济视为绿色生产、分配、交换、消费的有机系统。绿色经济是经济社会发展到一定阶段的现实选择和必然产物。消费理论认为，当人均收入超过 3 000 美元时，效率不再是消费者进行产品满意度评价的唯一标准，产品的健康性、异质性、独特性、风格等也是评价的重要参考依据。绿色经济很好地契合了这一标准。与传统的经济形态相比，绿色经济在核心内容、根本动力及表现形式等方面有着本质的区别，因此绿色经济动态循环过程同其他经济形态也是有区别的。

绿色经济系统的外围层是绿色经济系统的基础环境，主要包括绿色制度、自然资本、科技创新、社会保障等。绿色基础环境是绿色经济体系的支撑和保障，也是推动绿色经济持续发展、良性循环的关键内容。正如经济合作与发展组织在《迈向绿色增长》报告中所指出的：稳定的宏观环境特别是财税制度、科技创新、纠正严重失衡的自然系统和破除资源瓶颈是绿色增长的四大来源。具体来说，绿色制度包括以政策法规为主的正式制度和以道德文明为主的非正式制度。好的制度，特别是那些有利于促进资源有效利用和生态环境保护的制度，有望长期增进人类福祉，是任何绿色发展战略的核心。

（二）绿色经济的核心框架

1.绿色生产

绿色生产是绿色经济的重要运行形式，它将自然资源与生态服务纳入生产投入的范畴，以节约能源、降低能耗、减少污染为目标，以技术和管理为手段，将绿色理念贯彻到生产的全过程，创造出绿色产品，以满足绿色消费，实现资源节约和环境改善。从生产流程来看，绿色生产包括绿色决策、绿色设计、采用绿色技术与工艺、绿色采购、绿色营销以及绿色管理等方面；从生产类型来看，绿色生产包括绿色产品生产、绿色服务和劳务生产等。其中，绿色决策是绿色生产的灵魂，它要求生产者摒弃传统粗放的生产方式，在制订生产计划、选择研发方案、确定产品种类等方面将资源节约与环境影响考虑在内。在绿色生产环节，绿色管理也是重要的内容。绿色管理是绿色经济的微观实现途径，是生态经济学在现代企业管理中新的发展。绿色管理坚持全过程控制和双赢原则，要求在管理的各个层次、各个领域、各个方面、各个过程时时考虑环保，处处体现绿色。因此，绿色管理能够为企业带来差别优势和成本优势，有利于提升企业的形象，是提高企业竞争优势的重要手段。

2.绿色消费

绿色消费是一种以协调人与自然关系为目标，有益于消费者自身和他人的身心健康，有利于环境改善的新的消费方式。作为绿色经济活动的起点和终点，绿色消费通过价格机制调节并引导产品结构、市场结构以及产业结构的绿色化转变。

绿色消费的对象是绿色产品与服务，消费方式是合理、适度消费，消费结果是提高健康、安全水平。绿色消费的内容极为广泛，涵盖消费行为的方方面面，可以用"5R"原则来概括，即节约资源（reduce）、环保选购（revaluate）、重复利用（reuse）、循环再生（recycle）、保护自然（rescue）。绿色消费根据这五个原则分为对应的五种消费类型：节约资源型消费、环保选购型消费、重复利用型消费、循环再生型消费和保护自然型消费。

节约资源型消费指的是在消费中尽量节约使用自然资源特别是不可再生的资源，同时尽量减少对环境的污染破坏；环保选购型消费指优先选购有利于身体健康和环境保护的消费品，以自身的消费选择来倒逼企业进行绿色生产；重复利用型消费要求在日常生活中，尽量减少一次性物品使用，重复利用各种物品，最大限度地发挥产品的使用价值；循环再生型消费要求对尚有利用价值的消费品进行分类回收、循环利用，减少资源浪费和污染；保护自然型消费又称自然友好型消费，它强调在消费过程中尊重自然、顺应自然、保护自然，以实现人与自然的和谐共处。只有当绿色消费不断扩大、逐渐形成气候，绿色需求足够强烈时，绿色消费力量才能达到一定水平，才能抵制和抗衡市场的非理性行为，推动绿色市场健康发展。

3.绿色市场

绿色市场是绿色经济运行的整体形式,是绿色生产与绿色消费的中间联系。研究绿色市场就是从整体上把握绿色经济的运行状况,以揭示绿色经济的总体特征和运行机理。绿色市场包括商品市场和要素市场:商品市场又包括绿色消费品市场、绿色生产资料市场,要素市场即绿色生产要素市场。绿色经济的本质要求将经济活动的生态环境影响纳入市场的体系和框架中,这一本质决定了绿色市场与传统市场相比,必须解决影响经济绿色化的两个问题:一是经济活动的外部性问题,即如何将外部性内部化;二是价格机制如何反映市场绿色供给与绿色需求的关系。解决外部性内部化的主要理论观点是庇古税和科斯定理,即通过制定自然资本的税收与补贴政策、明确自然资本的产权关系,减少公地悲剧和"搭便车"等市场失灵问题的发生,有效地补偿外部性问题中利益受损的一方,保障绿色经济的顺利运行与发展。

4.三者的关系

绿色生产、绿色消费与绿色市场三者是相互影响、相互制约的。绿色生产是绿色经济体系的基础,以生产过程的生态足迹减少为核心,既满足当前社会需求,又不能损害满足将来需求的生产活动。绿色生产决定绿色消费的对象、方式、质量和水平,要求各种原材料和能源消耗最小化、各种生产浪费最小化。绿色消费作为绿色经济活动的起点和终点,是绿色生产的目的和动力,反作用于绿色生产,是绿色经济体系的关键。只有当消费者(包括个体消费者和机构消费者)倾向购买可持续的绿色产品和服务时,生产者才会积极响应消费者的需求,生产绿色低碳的产品和服务。绿色市场是绿色经济体系的重要中介,是绿色生产与绿色消费实现的关键平台,通过市场机制方能实现绿色价值。随着绿色的生产、交易和消费过程的完成,绿色的生产、交换、分配和消费的循环过程便得到实现。

绿色评价包括对自然资源市场价值的造价评估,对经济增长的质量与构成的考核,对生产生活消耗的资源、人类活动对环境的影响、自然环境对人们财富与福祉的影响等进行评价。强有力的绿色评价将地球边界纳入考量范畴,能够有效地监测与管理三大资本的扩大再生产，解决"搭便车"等市场失灵问题，提高经济发展的质量，实现经济、社会、环境效益的统一。

在短时间内，绿色转型的代价以及政策协调难度大等因素，会阻碍绿色政策的实施和制度的完善。在绿色经济理论中，自然资本与人造资本、人力资本同等重要。世界银行指出，忽视自然资本就如同忽视人力资本和人造资本，是坏的管理方式、坏的经济学，是不利于经济增长的。

自然资本不可被人造资本完全替代。自然资本的有限性特征，必然会制约以人造资本积累为导向的经济增长，扭转、摆脱这一制约的关键就在于科技创新。科技创新是绿色经济的动力和关键，对经济总量起到扩张和倍增的作用，有利于提高要素投入的综合生产力，改变三大资本之间的相互关系，释放生产力。一方面，技术进步与创新使经济增长与自然资本消耗和生态环境破坏脱钩；另一方面，技术进步与创新通过改变生产要素结构，解除要素限制对生产力发展造成的阻力。绿色经济以人为本，维护人们较高的生活质量，为人们提供物质保障、健康、自由、安全等，其最终目标是提高人类福利水平。当前，提高人们的物质保障和健康安全的主要手段就是构建社会保障体系。社会保障要素涵盖教育、医疗卫生、文娱等内容，通过人类日常生活对自然环境系统产生影响，并为绿色经济系统提供绿色的产品和服务，满足经济系统的消费需求。因此可以说，社会保障情况既是绿色经济发展水平的具体体现，又是绿色经济竞争力提升的重要保障，更是实现经济系统、生态系统和社会系统三位一体的基本前提。

六、我国在发展绿色经济方面的探索

实现绿色发展，走出一条经济发展与环境改善的双赢之路，无疑是一项长期且艰巨的系统工程。作为国民经济转型升级的重要导向，绿色经济已成为实现绿色发展的重要途径，近年来这一理念已经开始从理论转向实践，从宏观层面逐渐渗透到各行各业中。对于如何通过发展绿色经济来实现绿色发展，我国近年进行了探索和实践，在一些重点地区、行业和重要领域取得了一系列成果。

（一）典型城市的探索

1.北京市发展绿色经济的探索及经验

北京市经济社会发展面临的资源与环境约束日益增强，2001年申办奥运会成功后，北京市在优化产业结构、提高绿色发展水平方面进行了一系列探索和实践：

（1）已有产业的调整提升。对于首钢、北京焦化厂、北京化工二厂等高能耗、高污染产业，北京市主要采取关停手段进行调整，近千家企业实现搬迁或关停。2014年11月，北京市人大表决通过《北京市工业污染行业、生产工艺调整退出及设备淘汰目录（2014年版）》，这是继《北京市大气污染防治条例》后颁布的首份针对污染行业的淘汰退出目录，该目录涉及11个工业大类行业，105个污染行业工艺、50项落后生产设备被明确列入"负面清单"，并明确了退出时限，大多需要立即退出。对于那些因装备、技术落后而产生的高能耗、高污染行业，主要通过技术升级改造改善能耗、提高排放水平。

（2）新增产业的源头控制。北京市通过强化能评和环评审批的源头控制作用，要求新建项目单位产值能耗达到国际先进水平，对于新增排放量的工业建设项目实施"减二增一"（即以新代老、总量减半）的减量替代审批制度，同时尝试碳评审批，将二氧化碳排放纳入节能评估和审查。2014年7月，北京市发展改革委等10个相关部门共同发布了《北京市新增产业的禁止和限制目录》，分不同的城市功能区，从能耗、水耗、用工情况、土地利用水平四个方面设定准入标准，从源头对高耗能、高污染产业进行限制，引导社会资源投向符合首都城市战略定位的产业。

（3）合同能源管理。合同能源管理是一种新型市场化节能机制，其实质是以减少的能源费用来支付节能项目成本的投资方式,这种投资方式允许用能单位使用未来的节能收益来为工厂和设备升级,以降低目前的运行成本,提高能源的利用效率。能源合同管理在实施节能项目的企业与专门的节能服务公司之间签订。国家鼓励和支持节能服务公司以合同能源管理机制开展节能服务,北京市在落实国家政策的基础上,提高了支持力度,将能源费用托管型项目纳入市级财政资金奖励范围,补贴标准高于国家标准。

(4)碳交易市场。2012 年 3 月,北京市正式启动碳排放权交易试点,目前北京碳交易试点已形成较为完备的"1+1+N"政策法规体系。2013 年 11 月 28 日,北京市碳排放权交易市场开市交易。2013 年和 2014 年,北京市重点排放单位主要覆盖电力、热力、水泥、石化、其他工业、服务业六大行业中固定设施年直接与间接排放二氧化碳 1 万吨(含)以上的单位。2016 年起,北京市重点排放单位的覆盖范围调整为,本市行政区域内的固定设施和移动设施年二氧化碳直接与间接排放总量 5 千吨(含)以上,且在中国境内注册的企业、事业单位、国家机关及其他单位。据统计,2017 年北京市共有 943 家重点排放单位和 621 家报告单位。截至 2017 年末,累计成交量 2 013 万吨,累计成交额 7.1 亿元,分别占全国总量的 11.03%和 19.44%。

(5)推广促进绿色消费。北京市充分调动政府、企业、居民等多方主体参与,大力推广绿色低碳技术产品,促进节能产品销售。2011 年 4 月,北京市发展改革委等 7 个部门联合搭建了"北京市节能低碳发展创新服务平台",该服务平台每年都会发布节能低碳技术产品推荐目录和典型案例。

此外,北京市积极发展绿色交通,不断加快轨道交通建设,调整地面公交线路,发展公共交通,鼓励采用自行车、步行等零碳交通方式出行,并推广新能源汽车的应用。

2.深圳市发展绿色经济的探索及经验

深圳市是我国绿色低碳发展的典型城市,从总体思路来看,深圳市谋划绿色发展最早是从产业结构调整升级入手,通过调整产业布局降低能耗和排放水平。随着产业结构的逐渐优化,深圳市又在城市布局规划、推广绿色建筑、绿色园区试点、倡导绿色交通等方面推进绿色发展工作，政策机制不断完善，形成了全面推动绿色发展的新格局。

（1）推进产业结构调整。"十五"期间，深圳市提出要以高新技术产业、现代物流业、现代金融业为支柱，以传统优势产业为基础，实现三次产业协调发展和全面升级；"十一五"期间，深圳市发展思路强调"创新"和"生态"，到 2010 年基本建成国家生态市；"十二五"期间，深圳市提出要在未来一段时间走"质量型发展"之路，从"深圳速度"向"深圳质量"转型，进一步提高服务业、高新技术产业、战略性新兴产业在经济结构中的比重，保证在经济总量大幅提升的前提下，逐步实现单位产出物耗、能耗显著下降的目标。2017 年，深圳新兴产业增加值合计 9 183.55 亿元，占 GDP 比重的 40.9%。

（2）规划"组团式"城市。2005 年以来，深圳市着手规划"组团式"城市，从地理上打造绿色布局。2005 年深圳市规划了国内第一条生态控制线，并制定了国内第一部关于保护城市整体生态系统的法规——《深圳市基本生态控制线管理规定》，将 974 km² 土地正式纳入基本生态控制线范围，约占全市陆地总面积的 50%。《深圳市经济特区总体规划（1986—2000）》首次提出了"带状组团式"城市规划理念，到《深圳市城市总体规划（2010—2020 年）》则明确以中心城区为核心，以西、中、东三条发展轴和南、北两条发展带为基本骨架，形成"三轴两带多中心"的轴带组团结构。"组团式"规划为城市预留了通风道和生态廊道，可降低城市的热岛效应，并降低制冷能耗。

（3）推广绿色建筑。深圳市大力推广绿色建筑，积极培育涵盖绿色建筑设计咨询、节能改造、建筑工业化、可再生能源建筑应用、建筑废弃物综合利用等环节和领域的创新型绿色低碳产业链条。目前，深圳已形成规模超千亿元的绿色建筑产业集群，累计新建节能建筑面积已超过 1.4 亿 m²，绿色建筑超过 6 500 万 m²，占全国绿色建筑面积的 10%，共有 724 个项目获得绿色建筑评价标识。与此同时，深圳是全国首个全面强制新建民用建筑执行节能绿建标准的城市，率先颁布实施了建筑节能条例、建筑废弃物减排与利用条例、绿色建筑促进办法等地方性法规规章，先后出台了 38 部相关配套规范性文件和 20

部地方标准，为建设领域绿色低碳发展创造了良好的政策环境。

（4）建设绿色低碳试点园区。深圳选择在国际低碳城开展低碳示范城区建设，聚集低碳技术和资源，探索尚处在工业化、城镇化阶段的区域如何兼具发展经济和降低碳排放强度。深圳国际低碳城位于发展相对滞后的龙岗区坪地街道，规划面积53 km²，为了顺利推进低碳城建设，深圳进行了多方面努力：一是制定低碳城发展指标体系，探索碳排放约束条件下的新型城镇化发展路径，把低碳城发展目标和指标体系分解到规划、用地、建设和运营管理各个领域；二是调整完成城区发展功能，将碳排放约束融入城区规划，探索建立产业规划、空间规划、用地规划和低碳规划"四规合一"的规划体系；三是编制低碳城产业准入目录，探索建立项目碳排放评价体系，重点发展节能环保、航空航天、生命健康、新能源和都市农业等低碳型高端产业，通过转型升级推动落后区域实现跨越式发展；四是通过打造低碳城市基础设施示范试点，努力营造良好的生产生活生态环境。

（5）倡导绿色交通。深圳市是我国首个"公交都市"示范城市，也是交通运输部确定的首批10个低碳交通运输体系试点城市之一，深圳市在发展绿色交通方面开展了多项工作，如开展交通运输重点节能减排工程、推广应用新能源与清洁能源汽车等。此外，深圳市还开展了绿色低碳港区建设项目，推进盐田、赤湾、蛇口、大铲湾等主要港口装卸机械的"油改电"项目改造，推广使用液化天然气（LNG）港区内拖车，加快推进港口船舶岸电、船用低硫油应用。在多方努力之下，深圳市绿色交通成效较为显著，已成为全世界将新能源汽车最大规模应用于公共交通领域的城市，以及我国纯电动公交车推广规模最大的城市，开启了公交全面电动化新时代。2017年末，深圳率先实现全市专营公交车辆全部纯电动化，并成为全国乃至全球特大型城市中，首个实现公交全面纯电动化的城市。根据《深圳晚报》2018年底的报道，深圳已经基本实现出租车全面电动化，顺利实现此前提出的目标。

3.上海市发展绿色经济的探索及经验

上海市在自身环境约束增强的背景下，加大对环境保护、绿色发展的投入力度，主动探索绿色发展之路，在事前策划、事后监管与服务以及调动市场积极性方面初见成效，取得了宝贵经验。

（1）产业转移与升级。上海市根据自身优势与发展目标，确立了逐步去除重工业化的产业发展思路。2012 年 7 月，上海市政府与宝钢集团就推进上海宝山地区钢铁产业结构调整签署合作协议，标志着上海宝山地区产业结构调整工作正式启动。对上海宝山吴淞工业区以及罗泾生产基地进行调整，迁出宝钢部分产能，逐步转型成为战略性新兴产业的发展基地，以此实现宝钢在全国的战略布局，同时在上海延伸产业链，逐步提高宝钢汽车、家电、船舶用钢及电工钢等高端产品的比重和制造能力，致力于把宝钢的上海钢铁产业打造成为世界一流的碳钢扁平材精品基地。

（2）水资源梯级利用。水资源梯级利用是参照生态工业园区的理念发展而来，按照水质不同逐级利用水资源的一种方式。上海市为了促进节水型社会建设，推动了作为国家级生态工业园区和上海市节水型工业园区试点的金桥出口加工区的水资源梯级利用项目。2011 年，水资源梯级利用项目在上海金桥工业园区成功落地，该项目经过两年多的调研和准备，在 2013 年 4 月完成了中水管道施工和验收，项目最终选择在可口可乐上海申美饮料公司和夏普公司率先开展企业间的"中水买卖"。其后，金桥项目稳步扩容，更多的中水供水企业和受水企业参与其中，水资源梯级利用得到了更为广泛的应用。

（3）新能源汽车推广。在推广新能源汽车方面，上海市进行了一系列创新性的探索。其一，上海市以租赁服务培育电动汽车市场。2013 年 3 月，一嗨汽车租赁有限公司正式启动电动汽车租赁业务，同年 4 月起，一嗨租车在安亭上海国际汽车城建立了 4 家电动车租赁门店，随后几年网点数量不断增加，服务范围不断扩大；另外，上海国际汽车城也进行了 B2B/B2C 尝试，成立了新能源汽车运营服务有限公司，这也是上海市第一家经营新能源汽车租赁和共享的专业公司，2013 年 10 月，试水推出 B2B 的企业长租服务和 B2C 的分时租赁共享服务两种租赁模式，上海宝信软件、宝钢集团、同济大学等单位积极参与到电动车商业试用中。其二，为了解决新能源汽车充电问题，在相关部委及企业配合下，截至 2017 年末，上海市已有 805 个充电站点对外开放，平均每 7.88 km² 设一个充电站；另外，上海市新能源汽车公共数据采集与监测研究中心正式发布了一款"车易充"应用程序，其是一款电动汽车充电基础设施、路径规划和共享软件，方便了电动车用户寻找距离最近的公共充电桩，在很大程度上解决了充电的后顾之忧。2014 年 11 月，国内首座智能太阳能光伏公共超级充电站正式落户上海市，每天可满足 2.5 万辆电动汽车的充电需求。

（4）推动大气污染联防联治。2014 年 7 月，被称为史上最严的《上海市大气污染防治条例》获得高票通过，其中最大亮点在于，将"长三角区域大气污染防治协作"单独成章。该条例于 2014 年 10 月正式实施，将长三角大气污染联防联控以法律形式固定下来。上海的绿色发展机制，最终体现为长三角地区协同的绿色发展，这不仅是经济发展过程中的切实环境需求，也是区域生态文明建设的重要内容。对于依托"长江经济带""京津冀经济圈"等几大城市圈的建设，以及"一带一路"倡议的发展，具有较为重要的借鉴意义。

（二）低碳交通

2016 年下半年以来，共享单车的数量以指数增长之势在我国各大城市不断增加，移动互联网技术、移动支付方式和运营模式创新，让共享单车使用便捷性大幅提升。共享单车的出现，既满足了大量短距离出行需求，又有助于解决交通拥堵、环境污染等城市顽疾，更契合了"绿色出行"发展理念。共享单车短期内迅速崛起，吸引了大量社会资本进入，也使得共享经济迅速发展。

交通运输部于 2017 年 8 月公开发布《关于鼓励和规范互联网租赁自行车发展的指导意见》，明确了共享单车的发展定位是城市绿色交通系统的组成部分，实施鼓励发展政策。共享单车符合国家倡导的绿色发展理念，而且能促进大众健康、推动创新创业。国务院曾先后发布《关于城市优先发展公共交通的指导意见》《关于加强城市基础设施的指导意见》等文件，要求加快推进城市公共自行车建设。中国模式的共享单车已经成为发展绿色经济的重要创新实践，共享单车也成为推动"双创"的重要试验田，为各地创业企业提供了巨大空间。

（三）节能减排工作

煤炭在我国能源消费结构中占据着主体地位。煤炭在开发、运输与利用过程中产生的污染对生态环境造成的负面效应较大，因此促进煤炭清洁高效利用是实现煤炭行业节能减排的有效路径。山西省作为典型的煤炭大省，多年来在煤炭清洁高效利用方面开展了大量研究和推广工作，目前已经形成以政策为引导、以企业为主体、以技术为支撑的煤炭清洁高效利用模式。在以政策为引导方面，2014 年以来，山西省先后出台了《国家创新驱动发展战略山西行动计划（2014—2020 年）》《山西省低碳创新行动计划》《围绕煤炭产业清洁、安全、低碳、高效发展重点安排的科技攻关项目指南》《山西省"十三五"循环经济发展规划》等，紧扣煤炭科技创新，编制了煤层气、煤电、煤化工、煤焦化、煤机装备、煤基新材料等煤基产业创新链，煤炭科技发展取得进展。在以企业为主体方面，以焦煤集团、晋煤集团、潞安集团、同煤集团、阳煤集团五大集团为核心，以天脊、三维、山焦、太化、兰花、南风、蓝焰等为重点的煤基产业企业已成为煤炭清洁化的主体。在以技术为支撑方面，山西省在煤焦产业技术、煤电技术、煤机装备技术、煤基新材料等方面均取得了重大突破与发展。从整体上看，山西省已逐步走出了一条煤炭清洁化发展之路，节能减排效果显著。

（四）绿色金融改革创新试验区

2017 年 6 月，国务院第 176 次常务会议审定，在浙江、广东、贵州、江西、新疆五省（自治区）部分地区建设各有侧重、各具特色的绿色金融改革创新试验区，在体制机制上探索可复制、可推广的经验。浙江两个城市要重点探索"绿水青山就是金山银山"在金融方面的实现机制，创新绿色金融对传统产业转型升级等的服务；广东侧重发展绿色金融市场；贵州和江西要探索如何避免再走"先污染后治理"的老路，利用良好的绿色资源发展绿色金融机制；新疆着力探索绿色金融支持现代农业、清洁能源资源，充分发挥建设绿色丝绸之路的示范和辐射作用。此次推动绿色金融改革创新试验区落地，是我国推动绿色金融发展的重大部署，标志着地方绿色金融体系建设正式进入落地实践阶段。

其中，作为试验区之一的新疆在绿色金融改革创新试验区建设方面已经初见成效。截至 2018 年 3 月末，试验区绿色信贷余额 336.09 亿元，占各项贷款总额的 14.27%。新疆率先在全国五个试验区中建立绿色项目库管理制度，以绿色项目建设为抓手，统一绿色项目支持标准，加快推进绿色金融资源向试验区绿色行业、绿色产业聚集。3 个试验区已有 365 个"纯绿"项目纳入绿色项目库，总投入 5 750 亿元，融资需求 3 400 亿元。在 2018 年 1 月举办的新疆绿色金融改革创新试验区绿色项目发布会上，14 家金融机构与 42 家企业就 13 项"纯绿"项目达成合作协议，签约总金额近 90 亿元。

发展绿色经济是实现绿色发展的重要路径，促进绿色发展是发展绿色经济的最终目标。整体来看，目前我国绿色经济发展方兴未艾，在低碳经济、循环经济、生态经济等主要绿色经济形态均进行了探索与实践，并取得了重要成果。未来，随着绿色经济表现形式的丰富，以及绿色经济发展水平的提高，绿色经济对于绿色发展的推动作用将会更加显著。

我国的绿色发展政策，伴随着社会经济发展与生态环境保护工作的推进而逐步健全和完善。特别是党的十八大以来，生态文明建设被放在了突出地位；党的十九大则明确提出美丽中国"四大举措"，即推进绿色发展、着力解决突出环境问题、加大生态系统保护力度、改革生态环境监管体制。我国政府对绿色发展的关注程度越来越高，走绿色发展的可持续道路是中国的必然选择。

通过主要城市的绿色发展探索、全国节能减排工作推进、绿色金融改革创新诸多领域的实践探索，我国在发展绿色经济领域取得了卓越成就。未来，我国在覆盖面更为广泛的产业结构调整、制造业技术升级、居民消费模式和生活方式优化等领域，还需要持续性地推动相关工作的开展。各项措施共同发力，实现全国范围内的绿水青山指日可待。

第四节　绿色经济与绿色发展的关系

在新时代，我们要发展绿色经济，通过实施绿色发展战略来促进经济发展方式的转变。绿色经济发展模式是我国著名学者陈世清在"绿色经济丛书"中提出来的知识经济时代新的发展模式，由和谐经济发展模式、幸福经济发展模式、稳定型经济发展模式及再生型经济发展模式共同组成。绿色经济发展模式概念的提出使我们能够从总体上把握知识经济发展的深层规律、知识市场经济发展的一般规律，从理论和实践的结合上建立新的经济发展模式和新的发展经济学，同时也为绿色经济的商业模式提供了可依托、可操作的深层结构。绿色发展或绿色经济是相对于传统"黑色"发展模式而言的有利于资源节约和环境保护的新的经济发展模式。在我国，有关绿色经济或绿色发展的讨论都是针对可持续发展的不同侧面或是特定时期的目标和任务而展开的，其核心目的都是突破有限的资源环境承载力的制约，谋求经济增长与资源环境消耗的脱钩，实现经济发展与环境保护的双赢。

一、绿色经济在促进绿色发展方面的价值

首先，绿色经济模式强调经济、社会和环境的一体化发展。在传统经济发展模式下，大量占有和利用自然资源，不断提高劳动生产率，最大化地促进经济增长是其基本特征。传统经济学认为自然环境与经济增长和社会发展之间彼此不能兼容，环境问题是经济与社会发展过程中的必然现象，社会发展、经济繁荣必然以牺牲自然环境为代价，最终导致经济发展的不可持续性。绿色经济模式是以可持续发展观为基础所形成的新型经济发展方式，它以自然生态规律为基础，通过政府主导和市场导向，制定和实施一系列引导社会经济发展符合生态系统规律的强制性或非强制性的制度安排，引导、推动、保障社会产业活动各个环节的绿色化，从根本上减少或消除污染。

其次，绿色经济能够体现出自然环境的价值。传统经济系统坚持封闭性、独立性，认为只要系统本身不断扩大，经济就会得到永无止境的发展，从而导致全球环境危机不断加剧。绿色经济系统坚持开放性和协调性，将环境资源的保护和合理利用作为系统运行的重要组成部分，在生产、流通和消费各个领域实行绿色先导原则，尽可能地减少对自然环境的影响和破坏，抑或改善环境资源条件，并将自然环境代价与生产收益一并作为产业经济核算的依据，确认和表现出经济发展过程中自然环境的价值。事实上，经济的发展与环境资源的消耗是并行的，在量化经济发展的各项收益指标时，环境消耗价值理应据实计算并从中扣除。

再次，绿色经济的自然资源利用具有公平性。公平性是可持续发展的重要特性，失去公平性就等于失去可持续发展。追求经济利益最大化，不断提高人类的生活质量，是经济和社会发展的基本目标。然而，传统经济模式下的社会经济增长，是以自然资源系统遭受严重破坏和污染为代价获得的，仅仅满足了当代人或少数区域人的物质利益需求，忽略了后代人或其他欠发达区域人的生存需要，是将子孙后代或全人类的环境资源用以满足少部分当代人的物质上的

奢侈，这是极端不公平的。绿色经济发展方式能够通过自然资源的可持续利用，最大限度地提高自然环境的利用率和再生能力，理论上可以同时兼顾当代人和后代人的代际利益平衡以及同代人之间的区域利益平衡。

最后，绿色经济可以引导产业结构转型升级。在经济发展过程中，产业结构是动态的，转型升级是必然要求，正是基于产业结构的更新机制，实现产业的可持续发展才有可能。发展绿色经济，可以促使工业社会发生巨大变革：一是生产领域中，工业社会以最大化地提高社会劳动生产率、促进经济增长为中心的"资源—产品—污染排放"的生产方式将转变为以提高自然资源的利用率、消除或减少环境污染为中心的可持续发展生产方式，加重了生产者的环境保护责任；二是在流通领域内改变工业社会所奉行的自由贸易原则，实行附加环境保护的义务的自由贸易，控制和禁止污染源的转移；三是转变消费观念，引导和推动绿色消费。这一系列的制度性变革，必然引起工业社会向绿色社会的回归，依据自然生态规律，建立起由不同生态系统所构成的绿色经济系统。

二、实现绿色发展的必经之路是发展绿色经济

只有大力发展绿色经济，才能有效突破资源环境瓶颈，在经济社会长远发展中占据主动和有利位置。伴随着对传统工业化和城市化模式所存在问题的不断质疑，绿色理念的提出已经有 60 多年，这是人类对自身生产、生活方式的反省。

1962 年，美国人蕾切尔·卡逊（Rachel Carson）出版了《寂静的春天》，对传统工业文明造成的环境破坏作了反思，引起各界对环境保护的重视。1972年，罗马俱乐部出版了《增长的极限》，对西方工业化国家高消耗、高污染的增长模式的可持续性提出怀疑。但在当时，绿色理念主要集中在污染的末端治理方面。1987 年，世界环境与发展委员会发表报告《我们共同的未来》，强调通过新资源的开发和有效利用，提高现有资源的利用效率，同时降低污染排放。

1989 年，英国环境经济学家皮尔斯等人在《绿色经济蓝图》中首次提出了"绿色经济"的概念，强调通过对资源环境产品和服务进行适当的估价，实现经济发展和环境保护的统一，从而实现可持续发展。

第五节　绿色中国的发展现状与前景

一、绿色中国的发展现状

绿色中国就是可持续的、民主的、公平的、和谐的社会主义中国。改革开放以来，我国走的是发展经济的道路，一切以经济建设为中心，取得了举世瞩目的成绩，到 2010 年，我国 GDP 总量已经超过日本仅次于美国，位居世界第二。但是我国也付出了巨大的代价——生态危机比我们想象的来得快得多。当前我国的经济结构尚不合理，经济增长方式仍偏于粗放，又处在工业化进程和消费结构升级加快的历史阶段，节约能源、资源和保护生态环境形势十分严峻，节能降耗、防污减排的任务还十分艰巨。经济粗放、结构失衡、污染严重的问题较为突出，人口资源环境的矛盾进一步加剧，未来的可持续发展任重道远。传统经济增长虽然带来了产出增长、收入提高，但也造成生态破坏和环境污染等严重问题。随着和平崛起及自身国际地位的迅速上升，中国已经成为世界经济增长和可持续发展的一股重要力量。在全球化时代，由于人口和经济规模效应，中国的发展经验及存在的问题都具有世界意义。世界不仅希望中国在重塑世界可持续发展的进程中起到举足轻重的作用，而且需要一个绿色的中国。

随着中国近年来经济的飞速发展，能源的使用和二氧化碳的排放也在急剧增加。随着气候变化影响的加剧，中国也面临来自世界的越来越多的减排压力。需要指出的很重要的一点是，中国的节能减排不仅仅是出于对国际压力的反应，更有中国经济发展方式转型的内在要求。

现在，中国可持续发展面临以下几方面的挑战：

（1）国际金融危机的持续性挑战。20世纪90年代后期以来，亚洲经受住了两次金融危机的严重冲击，经济持续发展，国际影响力不断提升。2010年底以来，亚洲又率先实现经济企稳回升，在促进世界经济复苏方面发挥了重要引擎作用。同时，国际金融危机的严重冲击也启迪我们，亚洲要保持经济良性发展势头，继续拉动世界经济增长，必须更加注重完善发展模式，走出一条符合时代潮流、具有亚洲特色的绿色发展和可持续发展之路。中国尽管通过"四万亿经济刺激计划""十大产业振兴计划"以及大力发展新能源产业等多项措施，实现了"保增长"的目标，但很显然，一些短期经济问题已被转化为长期性以及地方性债务等问题，如果解决不好金融和财政的可持续性问题，还很有可能出现反复或新的问题。更为重要的是，由于经济刺激重点关注传统产业和国有大型企业，战略性新兴产业远未成熟，中小企业发展困难重重，各种结构性矛盾依然存在。此外，还必须解决金融危机影响所掩盖的生产成本上升、创新能力不足、外延式增长模式难以维系等问题。虽然中央政府对这些问题给予了高度重视，但在现阶段的条件和制度框架下，加快结构性改革和转变发展方式仍然是后金融危机时代最为棘手的难题。

（2）应对全球气候变化的国际挑战。2009年底在丹麦哥本哈根召开的联合国气候会议没有达成具有法律约束力的协议。包括中国在内的发展中国家不仅需要为捍卫自身的基本人权和发展权而继续斗争，而且要在"共同但有区别的责任"的原则下为有效保护全球气候而作出应有的贡献。

（3）国内资源环境问题的多样性挑战。作为一个发展中大国，中国可持续发展面临的最大危机还是国内日益严重的资源环境问题。面对经济快速增长和消费结构的升级，中国战略性资源能源，特别是油气等能源，以及铁、铜、铝、铀等重要战略性矿产资源将长期处于供需紧张状态。一方面，中国上述资源能源的对外依存度可能进一步攀升；另一方面，海外资源开发将面临越来越多外部条件的限制，成为中国重大的资源能源安全隐患。因此，调整对外经济合作战略势在必行。

所以，中国目前所遇到的基本问题不是"要不要发展"，而是如何进行"科学发展、绿色发展"。

二、绿色中国的发展前景

从可持续发展再到现在提出的绿色发展，体现了中国人发展理念的创新，也可以说是对世界发展理念的贡献。应对全球气候变化和节能减排对中国来说是一个巨大的挑战，同时又是一个契机，中国需要把握住这次发动甚至主导"绿色工业革命"的机会，走出一条绿色发展之路，建设真正的绿色中国。

受到邓小平同志"三步走"发展战略的启发，中国"绿色现代化"也可以采取"三步走"的战略：

第一步，2006—2020 年是我国全面建成小康社会的关键时期，根据党的十六大、十七大报告所确定的战略目标，这一时期需要将我国纳入科学发展轨道。这也是我国减缓二氧化碳排放和适应气候变化的阶段。为实现这一目标，我国需要在"十二五"和"十三五"时期大大降低二氧化碳排放量的增长速度，也就是说从高增长变成低增长，甚至零增长。这就要求我们不断提高可再生能源的比例，降低工业特别是重工业的比重，并提高服务业比重。

第二步，2020—2030 年是提前实现邓小平同志提出的"达到中等发达国家水平"目标的重要时期。这一时期我国也应该进入二氧化碳大规模减排阶段，力争将 2030 年的二氧化碳排放量降到 2005 年的水平，这个减排比例即使在全世界范围内也是比较高的。

第三步，2030—2050 年是我国实现发达国家现代化水平的重要阶段。这个阶段我国需要实现二氧化碳排放量的进一步大幅下降，并且与世界同步。根据世界的减排路线图，全球 2050 年二氧化碳排放量将减少到相当于 1990 年水平的一半，因此中国也应该将自己 2050 年二氧化碳的排放量削减到 1990 年一半的水平。

建设绿色中国是一项长期的任务，是我国实现可持续发展、建设现代化国家的重要组成部分，只有坚持绿色发展才能够促进社会经济长期均衡发展。

第六节　发展绿色经济面临的挑战及采取的措施

在人类社会转向后金融危机时代、后化石燃料时代以及后工业化时代的过程中，大家都在思考这样一个问题：在战胜危机的同时，如何寻找到新的战略机遇，占领新的制高点，重组新的经济架构，争取新的竞争优势，以最小的成本及综合、协同的手段共同应对上述三重危机。其实，我们从这些挑战及其背后原因中，不难看出解决问题的一个主题，即"绿色发展与创新"。近年来，在实现经济复苏和应对气候变化的双重压力下，美国、欧盟、日本、韩国纷纷提出了绿色发展战略，实施"绿色新政"，绿色经济发展迅速，代表着国际经济发展的新趋势，而我国同样在做出发展战略抉择。

绿色发展就是在保障自然资本可持续性的前提下，更多地以人造资本代替环境和自然资本，提高物质和能源的使用效率，使经济增长逐步向低原材料消耗、低能耗的方向转变。在实现绿色发展的道路上，21 世纪的中国面临着人口持续增长、高消费模式兴起、经济规模扩大、产业结构向重型化转变、城市化快速提高等方面的挑战；同时，市场机制的建立、对外开放的扩大、环保意识的增强、知识经济的兴起也为中国实现绿色发展提供了机遇。

一、发展绿色经济面临的挑战

要想抓住机遇发展绿色经济，总的来说应做到以下几点：一是进行环境与经济发展的综合决策；二是调整和优化产业结构；三是发展绿色制造模式和生态工业园；四是设计有效的政策组合。但是在 21 世纪，中国要从传统经济增长模式向绿色发展模式转变还必须克服以下几个挑战：

（一）人口持续增加带来的挑战

人口众多是中国的基本国情，虽然当前中国的经济总量很大，GDP 总量排在世界前列，但是人均 GDP 并不高，属于中等偏下水平。从历史上看，中国生态环境的破坏在很大程度上可以归于人口的迅速增长。人口压力大导致我国乱砍滥伐、围垦造田、水土流失、土地退化、森林减少等问题严重，进而直接造成了生态环境的恶化。在 21 世纪，中国人口与环境资源的矛盾仍然存在。例如，我国水资源、主要矿物资源、耕地资源的人均占有量远远低于世界平均水平，水资源的人均占有水平只是世界平均值的 1/4，人均耕地占有水平还不足世界平均水平的一半，而且中国的可耕地资源几乎开垦殆尽，由于基础设施建设占用、耕地退化等，中国耕地面积正在逐年减少。要保证未来 16 亿人口的衣食住行，使其达到一定的生活水平，就必须有巨大的资源支持，这直接对中国脆弱的生态环境形成巨大的压力。因此，在中国这样的发展中国家，一定要尽快消除"贫困导致人口增长，人口增长造成污染"的恶性循环，达到合理的人口规模并限制人口规模的扩张。

（二）高消费模式兴起带来的挑战

在 21 世纪的中国，与人口持续增加的压力相比，现代高消费模式的兴起给生态环境带来的压力更大。现代经济学家和政策决策者普遍信奉"不消费就衰退"，为了刺激经济增长，各国政府普遍采取鼓励消费的经济政策，企业为了追求利润，也通过各种媒体努力刺激消费者加大消费。美国式的高消费模式正在发展中国家逐渐流行，这种高消费模式与"生存型"消费不同，它大大超出了人的基本需要，纯粹是为了消费而消费。追求这种奢侈性消费的直接后果就是污染环境、耗竭资源、破坏生态，阻碍了人类社会的可持续发展。温哥华大学的比尔·杜宁教授认为，"如果所有的人都像美国人那样消费，为了得到原料和排放有毒废物还需要 20 个地球"。为了维持环境资源的可持续性，人类的消费必须向适度消费模式转变，但在发达国家的示范效应下，人们普遍的心理是在经济增长后也享受发达国家国民的消费水平。同时，目前中国还无法摆脱依靠国内外消费增加促进经济增长的传统模式。实际上，刺激消费增加已成为当前中国经济增长的中心任务。在人均环境资源占有量远低于发达国家的情况下，如何实现适度消费与经济增长的协调，无疑是中国在 21 世纪面临的一大难题。

（三）经济总量持续增加带来的挑战

经济增长对防止环境退化是十分必要的，因为经济增长与环境退化、人口增长和贫困之间有着十分密切的联系，经济增长带来的繁荣不仅有助于提高人民的环保意识，还可以消除贫困。但与此同时，经济增长往往也意味着资源投入的增加，会给自然资源和环境保护带来压力。地球物质系统实际上是一个封闭的系统，就像一艘孤立的宇宙飞船，它不可能无限地供给人类用于生产的物质，也不可能无限地吸纳废弃物。因此，经济规模扩张、资源开发力度加大、废弃物增加将给环境质量的稳定和改善带来严峻挑战。

二、发展绿色经济应采取的措施

（一）产业方面

绿色经济以传统产业升级改造为支撑，以发展绿色新兴产业为导向，在保持经济稳定增长的同时，促进技术创新，创造就业机会，降低经济社会发展对资源能源的消耗及对生态环境的负面影响。

1.传统产业

对于传统产业，应加强资源节约、环境保护技术的研发和引进消化，对重点行业、重点企业、重点项目以及重点工艺流程进行技术改造，提高资源生产效率，控制污染物和温室气体排放；制定更加严格的环境、安全、能耗、水耗、资源综合利用技术标准，严格控制高耗能、高污染工业规模；依法关闭一批浪费资源、污染环境和不具备安全生产条件的落后产能；采用信息技术改造提升传统产业。

2.节能产业

据测算，我国技术可行、经济合理的节能潜力超过4亿吨标准煤，可带动上万亿元投资。要想推动节能产业发展，一要加大节能关键和共性技术、装备与部件研发和攻关力度，重点攻克低品位余热发电、高效节能电机、高性能隔热材料、中低浓度瓦斯利用等量大面广的节能技术和装备；二要采取财政、税收等措施，促进成熟技术、装备和产品的推广应用，继续实施"十大重点节能工程""节能产品惠民工程"等；三要创新机制，大力发展节能服务产业。

3.资源综合利用产业

据统计，我国累计堆存的工业固体废弃物近70亿吨，大量的废旧资源没有得到回收利用。随着蓄积量的不断增加，产业发展空间也在增大。要充分利用产业发展空间，首先要组织开展共伴生矿产资源和大宗固体废物综合利用，推进"城市矿产"餐厨废弃物资源化利用、秸秆综合利用等循环经济重点工程；

其次要大力推动再制造产业发展，加强再生资源回收体系建设，尽快建设完善以城市社区和乡村分类回收站和专业回收为基础、集散市场为核心、分类加工为目的的"三位一体"再生资源回收体系；最后在国际上推动再生资源国际大循环，增强国际再生资源的获取能力。

4.新能源产业

新能源具有低碳清洁的特点，目前几乎供应着世界电力的 1/5。有关机构预计，到 2050 年，清洁能源占一次能源结构的比重将达到 32.2%。我国新能源发展潜力巨大，每年可再生能源资源可获得量达 73 亿吨标准煤，而现在开发量不足 5 000 万吨标准煤，提升空间巨大。近年来，我国新能源快速发展，太阳能集热面积居世界首位；截至 2022 年 12 月底，我国风电装机容量约 3.7 亿千瓦，在建百万千瓦级的核电机组已达 19 台，国内第一个兆瓦级大型太阳能光伏发电示范项目已经开展，生物质能利用也得到了较快发展。

5.环保产业

一要加强水环境保护：加快城镇污水处理厂及配套管网建设，推进重点领域水污染防治，推动严重缺水城镇污水再生利用设施建设。二要加强大气环境保护：深入推进燃煤电厂脱硫设施建设，加快推进重点耗能行业二氧化硫综合整治；加快实施燃煤电厂和机动车氮氧化物控制示范工程；实施城市空气清洁行动计划。三要加强固体废弃物处理设施建设：加快城镇生活垃圾处理设施建设，推动垃圾焚烧发电厂建设，大力推进污泥无害化处置和医疗废物及危险废物处理设施建设，加强重金属污染综合治理。

此外，绿色经济还包括大力发展电子、生物、航空航天、新材料、海洋等战略性新兴产业。

（二）政策方面

（1）完善政策体系，健全激励机制。进一步推进资源性产品价格改革，落实好成品油价格和税费改革方案，完善天然气价格形成机制；继续实行差别电价、脱硫电价、煤层气发电电价附加、余热余压发电上网等政策，完善可再生能源发电电价管理和费用分摊机制；健全与落实污水垃圾处理费征收和使用管理，提高重金属污染物排污费缴纳标准；推进建立生态环境补偿机制；完善矿产资源有偿使用制度；加大税收、金融对绿色经济的支持力度。

（2）突出自主创新，强化科技支撑。加强技术创新体系和能力建设，突破关键核心技术瓶颈，保护知识产权；在提高能效、煤炭清洁利用、污染综合治理、新能源、生物、航空航天、新材料等领域，攻克一批关键和共性技术；加快科技成果转化和产业化示范，加大先进成果和技术的推广应用；积极引进、消化、吸收国际先进技术。

（3）加大资金投入，实施重点工程。加大各级财政对绿色经济的支持力度，加快推进节能工程、资源循环利用工程、大规模环保治理工程建设；支持水电、核能、风能、太阳能等快速发展；大力推广高效节能环保产品，推行清洁生产和技术改造；积极构建绿色建筑、绿色交通体系，形成对绿色经济最直接、最有效的需求拉动。

（4）完善服务体系，优化市场环境。推广合同能源管理新机制，探索多种实现模式；鼓励私人资本参与基础设施建设等多种建设营运模式；开展烟气脱硫特许经营试点，规范城镇污水垃圾处理特许经营；完善准入标准，打破地方保护，为企业创造公平竞争的市场环境。

（5）加强宣传教育，倡导绿色消费。加强资源环境国情教育，倡导绿色消费、适度消费理念；积极推行能效、环境标识制度，提高消费者绿色消费力。

发展绿色经济既是一场攻坚战，也是一场持久战。要把发展绿色经济作为调整经济结构、转变发展方式的重要抓手，促进经济社会又好又快发展。改革开放以来，我国经济取得了举世瞩目的巨大成就，对以绿色发展为核心的经济发展方式的转变显得尤为迫切。如果我们不及时转变经济发展方式，走绿色发展道路，我们的资源承载能力、生态环境容量将无法支持经济的高质量增长。也正因为如此，我们从自身实际出发，借鉴国际经验，把建设节约资源、环境友好型社会作为重大任务，把节能减排作为国民经济和社会发展的约束性指标，而且公布了节能减排综合性工作方案和应对气候变化的国家方案，力促经济可持续发展。加快经济发展方式转变是推动绿色发展的重要路径。要把加快经济发展方式转变作为深入贯彻落实高质量发展的重要目标和战略举措，强化节能减排目标责任制，开展低碳经济试点，加强生态保护和环境治理，绘就"推动绿色发展"的路线图。不仅如此，我们还要注重推动生产、流通、分配、消费和建设等各个领域的节能增效，更加注重保护生态环境，牢固树立生态文明理念，把节约文化、环境道德纳入社会运行的公序良俗，大力倡导绿色消费，使推动绿色发展成为建设资源节约型、环境友好型社会的真正动力。

第二章　绿色金融

第一节　绿色金融概述

　　绿色金融是在可持续发展观念日益深入人心、全球对环境保护愈加重视和更加积极应对气候变化的背景下提出的一种新型金融发展模式。因此，绿色金融对于消除我国传统金融发展市场的弊端、激活我国比较僵化的金融机制、提升我国金融创新能力等方面很有助益，但我国目前在实施绿色金融发展战略方面存在的诸多难题也不容忽视。

一、绿色金融的内涵

　　绿色金融是可持续发展性金融活动的一种统称，在学术界还未有一个统一的定义。在我国，绿色金融主要体现在金融部门以可持续发展为导向，以信贷、保险、证券、产业基金以及其他金融衍生工具为手段，以促进节能减排和经济资源环境协调发展为目标的金融活动。它主要包括绿色信贷、绿色保险和绿色证券三种金融工具。

　　绿色金融又称"环境金融""生态金融"或"可持续性金融"，比较具有代表性的定义有四种：

　　第一，《美国传统词典》中指出，绿色金融属于环境经济的一部分，其主要研究如何使用多样性的金融工具来保护环境，保护生物多样性。

第二，是指绿色观念要体现在金融业的日常营业活动中，把环境保护作为基本政策，在金融机构投融资行为中重视对生态环境的保护和污染的治理，注重绿色产业的发展，通过对社会资源的引导，促进经济社会的可持续发展与生态的协调发展。

第三，是指金融业在贷款对象、贷款条件、贷款种类、贷款政策和贷款方式上，将绿色环保产业作为重点来扶持，从信贷投放、期限及利率等方面给予政策上的优先和倾斜。

第四，是指金融部门把保护环境作为一项基本国策，以金融业务的运作体现可持续发展战略，促进环境资源的保护和经济的协调发展，并实现金融可持续发展的金融营运战略。

其他学者，如乔海曙，则认为绿色金融的核心是将自然资源存量或人类经济活动造成的自然资源损耗和环境损失，通过评估测算的方法，用环境价值量或经济价值量进行计量，并运用于金融资源配置、金融活动评价领域。

汤伯虹从近几年我国绿色金融实践来看，提出绿色金融的本质是遵循市场经济规律的要求，以建设生态文明为导向，以信贷、保险、证券、产业基金以及其他金融衍生工具为手段，以促进节能减排和经济资源环境协调发展为目的的宏观调控政策。

综合来看，国内学者沿承了国际上广泛研究的结论，都支持通过金融业务的运作体现可持续发展战略这样一个基本观点。大多数学者都将绿色金融看作绿色经济政策中的资本市场手段，把节能环保的观念引入金融，运用不断创新的金融手段来影响企业的投资决策，进而影响经济结构的转变，转变过去重数量轻质量、高能耗低产出的金融经济增长方式，促进生态友好、环境和谐、社会经济的协调可持续发展。

然而，国内外学者关于绿色金融的定义要么从金融业运作出发，要么站在政府宏观调控的角度，都未能体现全面、共赢的金融理念。作为一种金融创新，绿色金融的先进性表现在：把经济效益和社会效益结合起来，以实现金融机构、企业、经济、自然的良性循环与和谐发展为共赢目标，将环境保护因素纳入绩效审计与评价体系，促进绿色金融产品的创新，也有利于公民和企业社会责任的建立。它的本质就是将既定的金融资源存量合理配置到节能环保的绿色产业，通过资金的优化配置来实现资本回报率的最大化和环境风险的最小化。

以金融机构内部的绿色管理、绿色服务为先导，在金融业务中全面考虑长期潜在的资源能源与生态环境方面的影响，把与环境条件相关的预期风险、回报和成本当作投融资决策中的内生因素进行考量，以信贷、证券、保险、产业基金及其他金融衍生工具为激励约束机制下的主要手段，通过金融业的杠杆效应和利益传导机制影响其他行为主体的投资取向和市场行为，也引导社会金融资源流向节能减排技术开发和生态环境保护产业，引导企业生产注重绿色环保，引导消费者形成绿色消费理念，借助金融工具、市场运营、政府机制和社会监督等力量，促使金融机构、企业和公民都履行好自己的社会责任，最终实现国家经济战略（如产业结构优化升级、经济增长方式的转变、经济社会的可持续协调发展等）的有效实施、金融机构自身的可持续发展，促使企业进行技术创新与产业调整，以实现良性发展。

二、绿色金融的发展

随着可持续理念的日益深化，绿色金融已经悄然兴起，并且逐渐渗透到金融理论与实践中，改变了传统的金融活动，成为金融活动的重要组成部分。

（一）绿色金融的发展模式

经过 40 多年的快速发展，中国经济取得了举世瞩目的成绩。然而，传统的经济发展方式也隐含着巨大风险。随着经济的快速增长，中国资源消耗和环境污染等问题日趋严重，不仅对经济的可持续发展形成无法回避的威胁，更造成难以估量的生命、健康损失。在这种情况下，发展绿色经济已经成为中国必然的战略取向。同时，为绿色经济提供支持的绿色金融也被赋予了更多的责任和使命。

　　发达国家与发展中国家的一个明显差异是，前者更重视市场化机制，靠市场的力量来发展绿色金融，如更多地依靠机构投资者（如养老基金、保险公司等）行使股东投票权，对不符合可持续发展理念的公司不予投资等手段对企业的"绿化"施加影响；而后者则更多地依靠政府管理和金融监管，来引导金融机构越来越多地支持可持续发展。

　　从长期效应来说，很难比较这两种模式的优劣，而且这两种模式也开始出现融合的迹象。例如，在发达国家，越来越多人认识到，要改变金融市场"可持续"因素影响力偏低的问题，完全依靠市场机制的自发调整是很困难的，必须加大政府的介入和引导。巴西、中国等新兴市场国家在政府推动下将环境风险因素纳入银行监管规则的做法，已经得到国际社会的普遍关注和认可。另外，发展中国家政府行政性干预的科学性也开始受到质疑。人们认识到主要靠行政力量推动的绿色金融是有缺陷的，政府应该在激励引导市场意愿、创造良好政策环境方面多下功夫，尽可能发挥市场作用，避免过多的直接干预。

　　根据现有实践经验，政府至少可以在以下几个方面发挥更大的作用：

　　第一，明确"绿色"的定义、标准、原则和框架，为绿色金融的发展建立范本和模式。

　　第二，通过财政性措施对绿色金融的发展加以引导。这些措施包括：在政府采购时有意识地选择"绿色"产品或秉持绿色发展理念的企业的产品；要求国有金融机构更多地开发和销售绿色金融产品；要求政策性金融机构发挥在绿色信贷、绿色保险等领域的带头作用；在对外援助时强化"绿色投资"标准；对政府机构类投资者的投资组合提出"绿色"要求；等等。

　　第三，利用各种金融政策支持和引导绿色金融发展。这些政策在不同的金融行业可能有着不同的特点。例如，对银行业，主要通过信贷政策和监管政策促进绿色信贷；对证券业，主要通过投资政策和上市公司信息披露要求引导股票上市和交易活动，发展绿色债券市场；对保险业，主要通过强化企业的环境风险控制来引导绿色保险的发展。

第四，强化监管约束，培育环境风险意识。例如，要求上市公司提交环境风险报告（或在年报中加入有关环境的披露内容），要求金融机构提交可持续发展报告、对环境风险进行压力测试等。

第五，在金融监管部门之间、金融监管部门与政府行政管理部门之间建立有效的跨部门协调和信息共享机制，使绿色金融理念在政府层面被广泛认识和推行。

第六，建立发展绿色金融的基础设施。一方面，着手解决绿色投资外部性的计量问题，如碳排放权、排污权的产权如何有效界定，环保项目投资所产生的外部效益如何收费，通过政策设计和体制安排将绿色项目的正外部性和污染投资的负外部性显性化，为绿色金融发展提供足够的市场激励；另一方面，发挥第三方机构（中介组织）的作用，支持绿色金融评估机构的发展，引导现有专业服务机构（信用评级、资产评估、会计师事务所、律师事务所、咨询公司、数据服务公司等）开展绿色金融相关业务。

第七，加大对地方政府政绩评估中环境因素的权重，促使地方政府以及地方性金融机构支持和推进绿色金融的发展。

第八，加大对绿色金融理念的宣传教育，培养环境风险评估、绿色金融产品创新等方面的人才，加强与境外机构的合作。

（二）绿色金融的发展展望

绿色金融为金融的可持续发展开辟了新领域，随着绿色金融理论和实践的不断深化，绿色金融体系将更加完善，金融工具及金融产品将更加丰富，未来的前景非常广阔。

1.绿色金融体系将更加完善

尽管目前我国绿色金融已经有了一定的实践经验，但仍与发达国家的绿色金融发展水平有一定的差距。未来几年内，我国的金融体系有望在核算体系、信息管理、机构建设方面进一步完善。

第一，绿色金融核算体系的构建。1995 年，世界银行引入绿色 GDP 的国民经济核算体系，以衡量一国和地区的真实国民财富，并于 1997 年首次提出真实国内储蓄的概念和计算方法。这就要求未来金融业适时改革金融评价体系，把绿色投融资引入金融评价，即把生态环境投资和环保产业融资作为评价金融业的重要参数之一。

第二，绿色金融信息收集部门的设立。建立信息数据库管理系统，定期向金融决策层通报最新绿色信息和发展态势分析，使金融决策层随时掌握绿色发展动态，及时做出绿色金融决策。同时，未来绿色信息系统的建设可以有效加强金融业各组成部门间的沟通，促进涉及跨区域环境问题的金融决策协调，减少决策风险。

第三，未来将成立专业性绿色金融机构，为实施"绿色金融"筹措资金。国际金融业的这些绿色金融举措都体现了现代金融的发展方向，同时完善金融体系，建立绿色银行，专门为环保产业和产业中的环保项目融资，也将成为我国金融业发展的一个方向。

2.绿色金融工具及金融产品将更加丰富

未来绿色金融的发展，不仅依靠金融体系的构建和完善，还依靠金融工具及金融产品的创新。

第一，绿色产业基金将成为一种常规性金融产品。近年来，在一系列政策的支持和促进下，绿色基金已初见规模，多家银行成立绿色产业基金，为绿色环保产业筹集资金，推动低碳经济的可持续发展。随着绿色金融理念的不断深化，绿色产业基金的政策性概念将逐步淡化，绿色产业基金将成为一种常规性金融理财产品。

第二，发行绿色债券作为长期筹资渠道。资金投入的不足将直接导致环保技术和产业发展滞后，进而影响我国社会经济的可持续发展进程。绿色金融债券的发行，将使金融机构筹措到稳定且期限灵活的资金，银行通过发行绿色金融债券吸收大量中长期稳定资金，再以贷款及相关方式投资一些周期长、规模大的以循环经济模式运营的环保型产业或生态工程项目，一方面可以解决环保型企业资金不足的问题，另一方面可以优化其资产结构。

总而言之，绿色金融的发展既是压力，也是机遇；既是中国金融业的责任，也是其自身发展的需要；既是宏观政策导向，也是金融企业的创新。在传统金融业务的发展受到诸多制约和挑战的今天，发展绿色金融无疑将成为金融业新的盈利点和发展方向。

三、绿色金融的理论基础与理论框架

"十三五"时期，我国便把"绿色"与"创新、协调、开放、共享"一起定位为"新发展理念"，绿色发展已成为经济发展新动力、社会发展新趋势。2016 年 8 月，中国人民银行、财政部等七部委联合印发了《关于构建绿色金融体系的指导意见》，随着政策的进一步完善和落实，我国将逐步建立比较完整的绿色金融政策体系。绿色金融已经成为我国发展生态经济、建设生态文明的重要抓手。

（一）国内外绿色金融实践的理论分析

当前，国内学者对绿色金融的概念、内涵、发展现状、机制建设、政策框架、金融工具评价等内容都有了一系列的研究成果。例如，王军华等对绿色金融的概念进行了探讨；翁智雄等通过实际案例对我国绿色金融产品发展现状进行了研究，并将国内绿色金融产品与发达国家绿色金融产品进行了对比；马骏则提出了我国绿色金融的政策经济学理论框架。另外，从生态文明建设和可持续发展的角度，我国学者对绿色金融与可持续发展的相关内容也有相应的研究成果：早在 1998 年和 2003 年，高建良等就对金融业与可持续发展的关系进行了探讨；何建奎等对不同类型金融机构和不同投融资行为对经济的可持续发展影响进行了分析和对比；潘华等在对生态补偿投融资机制的研究中，对国内外学者在绿色金融与生态补偿领域的研究做了综述。

1.国内外绿色金融实践概述

当前国内的绿色金融实践涵盖了节能减排、污染治理、清洁能源等领域。个人绿色金融主要有节能住房贷款、节能汽车贷款和政策优惠、个人碳账户等。企业绿色金融以环保项目融资、节能减排融资、收益权质押、排污权抵押、碳金融等为主。其中，项目融资以传统抵押授信和中间业务为主，碳金融产品创新相对较多。环境责任保险主要在高污染企业中试点和推广。

国外绿色金融实践的服务对象较为丰富。个人绿色金融主要包括针对个人的绿色抵押贷款和个人低碳消费贷款。企业绿色金融主要是清洁能源项目融资、环保技术服务、环保企业上市、环保指数、碳基金、绿色保险、生态保险、碳保险等。

2015 年，绿色金融工作小组对构建我国绿色金融体系提出了 14 条建议，主要包括专业投资机构、政府财政、金融基础设施和法律基础设施四个方面的内容，具体建议除了涵盖已有的国内绿色金融实践，还增加了绿色贴息、绿色债券、绿色评级、法律法规和绿色信息系统建设等多个方面。

2.现有绿色金融实践的理论原理

绿色金融的相关理论原理主要有四个类别：一是引导资金流向绿色产业，降低环境友好型产业和项目的融资成本，引导个人选择绿色消费和行为模式，或提高污染项目的成本，这是抑制产生环境负外部性、激励产生环境正外部性的经济活动，其理论基础是经济学；二是量化环境价值和环境风险，明确经济主体对环境资源的消耗和产生的风险，通过市场完成价值交换，其理论基础是环境经济学和生态经济学；三是通过立法，明确经济主体的生态权利和义务，以及产生生态违法行为后应当承担的法律责任，其理论基础包括环境法学和生态法学；四是将金融活动与环境看作一个整体，通过绿色信息系统揭示和评估金融活动与环境以及人与自然之间的互动关系和相互作用，用系统的观点看待绿色金融，而不仅仅是金融产品的创新，其理论基础涉及系统学。

（二）绿色金融的理论基础

根据上面的分析，绿色金融理论基础应当主要包括外部性理论、生态产权理论、环境估价理论以及生态权利、义务理论。

1.外部性理论

经济外部性指在社会经济活动中，在没有市场交易的情况下，一个经济主体的行为影响了其他经济主体的经济活动的行为，外部性可能是正面的，也可能是负面的。提到与环境相关的经济外部性，一般指的是生产和消费的负外部性。在实际的经济活动中，生产和消费的正外部性仍然存在，通过激励和补贴产生正外部性的行为，提升负外部性行为的成本，是绿色金融产品运作的主要原理之一。从收益的角度看，对外部成本补贴或支付带来的收益，将不仅限于个人或企业的利益，同时会产生社会收益和环境收益。

2.生态产权理论

生态产权是人们对可支配的生态资源使用程度的界定，是一种公共产权。理论上，一定区域内的社会成员享有平等的生态产权。由于生态产权本身内涵尚未有明确的界定，生态产权在不同个体间的转移具有明显的非等价性。根据生态产权理论，通过市场手段配置生态资源要素，需建立用以约束人类支配生态资产时相对明确的准则，对生态权益归属、生态的质量、生态侵权的程度、生态侵权行为短期和长期、局部和整体影响的评估有相应的准则。绿色金融在进行排放权交易等活动时就是以生态产权、环境产权的理论为基础的。

3.环境成本和收益估价

用经济学方法来评价某项目时，会测算项目的收益和成本，当环境被看作可以提供多种服务的综合资产被纳入测算时，环境提供的服务应当作为成本被估算在内，同时还应加入时间要素，即对项目进行评估时，将某一时期得到的净收益与另一时期得到的净收益进行比较，或通过计算贴现率得到某段时期所得收益的现值来衡量项目是否值得支持。实际上一个项目的成本以及收益是很难全部纳入评估体系并准确货币化的，但在充分考虑上述因素的前提下，仍然可以通过结合使用实证分析和规范分析的方法来判断项目的可行性，寻找最优决策。对于绿色金融，在进行个人绿色信贷、绿色项目融资等活动时就需要运用这些原理。

4.生态权利、义务理论

以法律的形式将公民应享有的生态权利、需履行的生态义务（如保护自然资源的义务）以及违法时应负的生态法律责任（包括行政、民事、刑事责任等）加以明确，同时也对环境管理程序进行立法，将对绿色金融的监管从行政层面上升到法律层面，环境管理机关依法享有否决不符合生态要求的经济活动项目的权利。法定的管理程序和生态权利、责任、义务的明确对环境管理的效力、范围都将超过现有的行政管理制度。我国绿色金融体系构建过程需要运用到生态法学、环境法学的理论基础。

（三）绿色金融的理论框架

借鉴其他学科的理论框架，绿色金融的理论框架应主要包括内涵、本质、行为主体，以及研究的主要内容、方法、目标。其中，绿色金融的内涵前面已有相关论述，这里主要论述绿色金融理论框架中的其他几项内容。

（1）绿色金融的本质和行为主体。绿色金融的本质是在环境作为资源要素前提下的"金融"，而金融实际上是跨期的价值交换，绿色金融中的价值包括货币价值以及其他物品的价值。理想状态下，环境资源的价值能够被准确评估，但实践中环境价值的界定还有很多不确定性，因此现有绿色金融实践更多的是金融产品与环保治理这一"末端"行为的结合。参与绿色金融的主体主要包括四类：一是经济活动的主体，包括人和企业；二是金融机构、投资机构；三是中介机构；四是政府。其中，企业和个人是绿色金融的需求者，金融机构、投资机构是绿色金融的供给者，除了资本，还提供人力资源、技术、管理方法等；中介机构主要是为前面两个主体达成合作提供支持，提供如项目评估、信用担保、信用评级、资产评估、知识产权服务、项目监管等服务；政府是市场以外的角色主体，是政策的制定者和监管者。

（2）绿色金融理论需要研究的主要内容。绿色金融的发展需要在融资思路和策略创新的前提下，不断在融资方式、融资条件、融资内容、融资场所等方面进行创新，旨在将环境资本与金融市场相对接，将生态产权市场与金融市场相对接。生态资产确权、环境会计、环境成本评估、环境管理、金融工具创新等内容是当前研究的重点。其中，生态资产确权是将环境与金融对接的基础，也是环境资产市场化的前提条件。环境会计不仅可用于评价社会整体的环境资产，也用于评价环境项目或企业对环境资产的影响，以及企业在环境要素影响下的财务状况，这也是识别环境风险、建立环境成本评估体系的基础。一些西方国家已经开始了环境会计方面的实践，这应当成为我国绿色金融发展研究的重要内容之一。环境管理应包括环境项目的长期管理和监督以及环境法律体系的健全，通过建立长期监督机制，明确经济主体的环境义务和环境责任，进一步降低金融机构和投资机构的环境风险，同时提升绿色金融的经济和社会收益。绿色金融工具的创新依托于现代金融理论和方法的创新，在生态经济和绿色产业发展的背景下，绿色金融工具的创新理念不应局限于污染防治、低碳模式等层面，应以发展生态经济的全局性视角来看待绿色融资，在具体研究中，应有别于传统金融学以货币银行理论为主的研究方向，更多地重视融资理论与实务的发展。

（3）绿色金融研究的方法。定性研究与实证研究相结合，定性分析的不断深入有助于进一步明确绿色金融理论研究的逻辑起点，明确绿色金融与传统金融的共性与区别。随着绿色金融理论的不断完善和数据的不断丰富，实证研究将降低绿色金融理论研究的滞后性，为理论研究和业务实践提供更多支撑。

（4）研究的目标。绿色金融理论研究的目标可以划分为近期目标和远期目标两个方面。近期目标主要包括：将环境资源纳入金融市场，在环境资产确权、环境资产估价等基础上进行绿色金融工具的创新，将更多的金融资本引入绿色金融领域，支持和推进绿色产业和绿色项目的发展。远期目标是建设生态经济体系，研究建立多元化的绿色投融资体系和生产消费模式，推动我国生态经济建设，发展生态文明。

　　绿色金融的理论研究是建立在实践的基础上的，除了借鉴国外研究的成果，还需紧密结合我国的发展实际，需要将发展生态文明、践行绿色发展理念和实现社会收益与经济效益的平衡等多方面因素相结合。绿色金融作为正在起步的研究领域，其理论与实践都有大量需要研究的内容，未来需进一步加快研究进度的主要有以下三个方面：一是对绿色金融的内涵作出更加清晰的界定。对绿色金融的内涵界定，包括对其"绿色"性质的界定、有别于传统金融的特征的辨识和界定，以及理论研究的假设前提、作用范围等一系列相关内容。在此基础上才能进一步构建和完善绿色金融的理论体系内容。二是在实践中探索绿色金融理论的一般规律。对绿色金融的理论研究除了前沿理论探索，还需要从实践中观察和总结其理论发展的一般规律。在我国已经将绿色金融发展纳入国家政策的背景下，更应当结合我国国情和实践来探索绿色金融理论体系的发展。三是整合梳理多学科理论以促进绿色金融理论体系研究。绿色金融理论和实践具有多学科的背景，涉及自然科学（如生态学、环境学）以及社会科学（如金融学、法学）等学科的相关理论，是典型的交叉学科。在生态文明建设被提升到国家战略以及新的金融理论不断创新的背景下，进一步梳理和整合各相关学科的理论原理，并在实践的基础上加以吸收、创新，形成绿色金融独有的理论体系是未来的发展趋势。

第二节　发展绿色金融
对经济的影响

一、发展绿色金融对宏观经济的影响

绿色金融是低碳经济时期重要的金融创新之一。绿色金融能够优化宏观经济，与其他经济政策产生互补效应；此外，在实践绿色金融的过程中，相关政策能够加强环境风险管理。因此，发展绿色金融是实现经济可持续发展的必要条件。

发展绿色金融，使用金融手段来推动经济绿色发展的动因在于中国环境恶化的现状。虽然近年来我国生态环境有所改善，但是各类生态危机也频频出现，气候异常、污染加剧、灾难频发、濒危灭绝的物种数量上升、森林面积不断减少、土地沙漠化加剧，以及严重缺水干旱区域不断扩大等问题仍未有完全的解决之策，这些问题的出现无一不昭示着生态环境有限的承载力。气候变暖、能源资源枯竭是不争的事实，而且以资源消耗和高环境成本为代价的经济增长方式已难以为继，经济社会可持续发展受到环境与资源的约束。因此，只有在强调生态环境保护的前提下，生态系统才能为经济发展提供保证，努力协调生态环境保护与经济增长之间的关系，更好地实现人与自然和谐发展，实现经济的可持续发展。

二、发展绿色金融对微观经济的影响

微观经济中主要包括三个主体，即金融机构、非金融企业与个人。

（一）对金融机构的影响

从金融机构与绿色金融的关系上看，发展绿色金融可以增强金融机构的社会责任感，同时提高其自身声誉。伯特·斯科尔滕斯（Bert Scholtens）等分别选取51家实行赤道原则的金融机构和56家未实行赤道原则的金融机构作为样本进行对比，发现前者具有更强的社会责任感和社会声誉。

发展绿色金融可以加强金融机构对企业的环境风险管理，实现可持续发展。商业银行发行绿色金融债券、推出绿色抵押等银行类环境金融产品，创新金融产品与工具能够更好地激发其生存、发展的活力；针对钢铁、水泥等"两高"行业建立环境准入门槛，不仅能从源头上减少污染，也能加强自身环境风险管理，实现金融机构的可持续发展。

（二）对非金融企业的影响

绿色金融的发展可以扶持、规范非金融企业自身的经营行为，帮助其规避环境风险。绿色金融可以对环境友好型企业提供低利率贷款，对污染企业实施惩罚性的高利率贷款，这些举措改变了企业的融资成本，促使企业在生产经营的同时考虑环境保护。金融机构通过审查企业环境排放标准而为其提供上市融资的便利条件，规避环境风险，规范企业的环境行为。

绿色金融可以推动非金融企业的绿色产业转型，由此实现自然生态环境的整体帕累托优化。企业若在发展中受到了绿色金融相关条件的约束，必须在其产品的生产制造过程中考虑环境保护的因素，规避绿色金融的利率风险。在新的投资领域，为赢得绿色金融支持的发展机会而优先选择那些有益于环保和有益于提高企业利润的产业。因此，企业的投资会更多地投向环境风险低的产业，如绿色产业、环保产业，推进企业产业的环保化。胡春生等通过构建完全信息静态博弈模型，分析了金融机构和企业之间的博弈行为和均衡结果，该项研究认为，公司经营可通过向绿色产业转型，实现自然生态环境的帕累托改进。

绿色金融可以助力能源企业的融资，为其生产提供资金支持。Tang、Chiara、Taylor 等提出将碳收入债券作为可再生能源企业的重要融资工具，并以欧洲、澳大利亚和美国新泽西州三个不同市场为例，通过运用随机过程预测未来收入并对碳收入债券进行定价。研究结果表明，十年期碳收入债券能够为可再生能源生产提供大部分资金。

绿色金融能提高企业债券信用等级，增强企业融资能力。Graham 等通过引入环境风险因子，对企业债券的信用评级进行了深入研究。研究结果表明，环境因素对企业债券信用评级有着重要影响，二者呈负相关关系。

绿色金融可以促使企业加大环保技术投资，由此促进环保技术创新。Schwartz 等综合考虑环保政策、企业产量极值、运营成本等因素，对企业最佳环境投资决策进行研究，研究结果表明，产出价格波动较大的企业在提高环保技术投资方面具有更高的积极性。企业为了获得绿色金融的优惠政策，必然会迎合绿色金融在环保方面的要求，改变原有的生产条件和生产技术，加大环保技术创新，优化产品设计、生产流程与工艺，实现较高的产品资源利用率。企业的环保技术需求和节能减排的硬约束，可以激发企业的技术创新，推动企业环保设备和技术的升级换代。

（三）对个人的影响

绿色金融的发展可以促使个人的投资向环保倾斜。Climent 和 Soriano 通过对 1987—2009 年基金回报率数据进行研究发现，即使环境共同基金的回报率低于其他类型基金，但考虑到企业的社会声誉、未来发展的可持续性等因素，投资者依然倾向购买前者。

　　绿色金融可以通过降低绿色消费成本，促进个人的绿色消费。绿色金融通过对各方面资源的有效配置，使得借助绿色金融工具的绿色消费者能够降低绿色消费的成本，促使社会资源更多地向绿色消费产业链上流动。绿色金融还可以培养个人的绿色消费观念，促进绿色消费的进一步推广，更好地实现绿色金融的可持续发展。

第三章　绿色金融的技术载体

第一节　基于互联网技术的
绿色金融

一、互联网技术

2016 年被认为是中国绿色金融发展的元年，在政府推动、市场发挥主体作用的背景下，中国绿色金融市场发展迅速，市场对绿色理念的认识和认同逐步提升。其中，互联网技术为绿色金融发展提供了有力支持，一个典型的模式便是互联网金融平台为绿色产业提供投资、融资、项目评估、财务顾问等金融服务。接下来就环投汇、国鑫所、澳大利亚的 Rate Setter 借贷平台、瑞典 Trine 投资平台四个案例对这一"互联网金融＋绿色产业"的技术应用模式进行简要介绍。

（一）环投汇：绿色金融超市

由环投汇创立的绿色金融超市联合了银行、证券、保险、信托、基金、担保、资产管理公司、小额贷款公司、评级公司等 100 多家金融机构，推出了为中小微企业提供设计和开发绿色金融产品的金融服务，其中包括绿色信贷、绿色基金、绿色融租、绿色保理、绿色信托、绿色保险等领域，旨在为中小微企业搭建与金融对接的桥梁，帮助有竞争力的节能环保项目进行融资。

同时，针对市场上没有有效的抵押物，较难在银行进行融资的中小微型创新创业类企业，环投汇也推出了定向的金融服务产品，其联合平安银行、浦发银行、大连银行等金融机构推出的"绿色信贷"金融产品，主打手续简单、利息低等优势，旨在为中小微绿色环保企业提供流动安全资金。

（二）国鑫所

国鑫所是我国首个"能源＋互联网＋金融"的新能源互联网金融平台，其借助母公司协鑫集团在新能源领域多年的经验积累，以能源大数据为基础，从供应链金融出发，旨在建立一个基于互联网金融的绿色生态。

国鑫所的主要产品为"鑫安盈"，该产品以央企、国企和上市公司等核心企业的信用为背书，以其与产业上下游供应商、经销商之间真实的交易背景为依托，通过将供应商提供的对核心企业应收账款的债权进行转让，帮助中小供应商与经销商进行经营资金的融通。私人投资者在官网上能查看到鑫安盈所有具体投资项目的情况并在网上平台进行投资，同时国鑫所将投资款项贷给新能源公司，并将产生的利润作为投资回报返还给投资者。

（三）澳大利亚 Rate Setter 借贷平台

凭借清洁能源金融公司（Clean Energy Finance Corporation, CEFC）的 2 000 万美元投资支持，澳大利亚网络点对点借贷平台 Rate Setter 建立了专门针对绿色金融的服务平台。它汇集了投资者、借款人和清洁能源产品供应商，并允许投资者直接贷款给信誉良好且希望购买或安装批准的绿色产品的借款人。通过在线平台，投资者可以填写他们希望投资的金额和他们准备接受的利率，随后他们的请求需与已批准的借款人相匹配。借款人获得的资金可以投资于符合条件的清洁能源资产。Rate Setter 这种创新机制将采购商、安装商和制造商紧密结合在一起，拥有改善绿色资产市场的潜力。

（四）瑞典 Trine 投资平台

国际上，许多创业公司已经开发出创新型解决方案，致力于以更加环保和道德的方式开展金融业务。在瑞典就有这样一家公司——Trine 投资公司，寻求通过提供数字投资平台来结束"能源贫困"，以便私人投资者在新兴经济体寻找并资助太阳能项目。

2015 年，Trine 创办于瑞典哥德堡。一个典型的例子是其对 Azuri Technologies 的投资项目。合作伙伴公司 Azuri Technologies 获得了 Trine 的资助，与当地合作伙伴 Raj Ushanga House（RUH）一起运营太阳能项目。整个合作流程大体如下：通过筛选，Trine 选择与 Azuri 以及 RUH 成为合作伙伴。这笔钱从私人投资者募集而来，并以一定利率借给 Azuri。Azuri 从马来西亚购买太阳能电池板并移交给 RUH，RUH 再通过多种零售渠道将其出售给非洲的农民，农民每月分期付款给 RUH/Azuri。Azuri 在规定期限内向 Trine 支付投资回报并返还给投资者。私人投资者通过网上平台参与投资，过程相当便捷。当投资者选择了一项投资项目后，投资额便被转移到一个电子钱包中，直到整个活动获得全额资助为止，而该电子钱包则将由第三方 Lemonway 管理。一旦项目获得全额资助，投资人的资金便成为太阳能合作伙伴贷款的一部分；如果没有筹到足够资助，则这笔资金会保留在投资人电子钱包中以供撤回或重新投资。

二、绿色货币

在绿色金融与互联网技术的结合模式中，绿色货币为商业提供了一种全新的图景。和传统碳货币不同，此处我们将绿色货币定义为"通过绿色行为获得的交易媒介"，这样一种交易媒介主要因互联网平台或官方机构奖励用户的低碳行为而产生，并可能在未来获得和传统货币相当的实际价值。下面对几个具有代表性的涉及绿色货币的应用进行介绍。

（一）支付宝"蚂蚁森林"

蚂蚁森林是支付宝客户端为首期"碳账户"设计的一款公益行动，其运作模式是用户通过低碳行为（走路、乘坐公交车、在线支付等）积累"绿色能量"，并用此"绿色能量"在蚂蚁森林平台购买虚拟的树苗。而蚂蚁森林作为第三方，会在西北地区出资种植相应的实体的树，使用户能够对环境保护作出实质的贡献。用户可以通过支付宝平台查看自己种植的实体树的实景图，确认自己种植树木的生长状况。

从蚂蚁森林的运作方式来看，这样一种植树活动仍然是一种纯粹的以公益为主导的活动，其本质是蚂蚁森林在用钱购买用户的低碳行为。但是，通过这样一种方式建立的"碳账户"从本质上构建起了一种全新的绿色货币。虽然在初期这种货币的价值仍然由蚂蚁森林通过支付真实货币加以赋予，但是可以预见在不久的将来，当对"污染行为"的收费被逐步确定之后，这样一种基于"环保行为"的"绿色货币"就可能被真正赋予和法币相当的价值。

（二）深圳市绿色出行碳账户

2015 年，深圳市绿色出行办公室、深圳市公安局交通警察局等部门联合推出了"绿色出行碳账户"活动。活动一开始主要为主动申请机动车停用、少用的用户发放碳积分奖励，后来逐渐延伸至绿色出行、旧瓶回收、骑单车等活动。用户可通过在微信公众平台"碳账户"上的操作，完成任务、积累碳积分。和蚂蚁森林的"绿色能量"相似，深圳市"碳账户"体系本质上仍然是政府出资购买市民的低碳行为，即一种"花钱买环保"的模式。同蚂蚁森林一样，这样一种"碳账户"同样构建起了一种新兴的绿色货币。只不过截至 2018 年 6 月 1 日，这一货币的用户覆盖面仍十分有限，尚处于快速发展阶段，无法和拥有庞大流量的支付宝蚂蚁森林相比较。

（三）英国 Energi Mine 公司的 ETK 代币

英国的 Energi Mine 发布的 Energi Token（ETK）平台，建立了一套基于区块链技术的代币奖励机制。为了鼓励网络铁路公司（Network Rail）的员工在工作中使用低碳交通工具，在工作场所中节约能源，Energi Mine 公司以虚拟货币的方式给予完成低碳行为的员工奖励。

在收到 ETK 代币之前，网络铁路公司的员工需要先上传节能行为的证据。通过智能合约，平台将自动分配奖励，将 ETK 部署到员工的数字钱包中。此后，员工可以通过应用程序查看他们的代币，并可以用这些代币支付电费，或将之兑换成法定货币。

第二节　区块链在绿色金融中的应用

一、技术原理

区块链是脱胎于数字货币的一种底层技术，是一个可按照数据结构规则存取的分布式账本。每一笔转账在账链上都有一个公开记录，含有输入值和输出值的数据结构。作为一种全新的技术范式，区块链弥补了互联网体系结构中的技术缺陷。在上一代互联网 TCP/IP Networking 中，存取是基于 IP 地址的，是整个网络系统最关键的地方，IP 相当于门牌号，获取信息的时候，需要根据门牌号去寻找物品。但是在区块链中，存取信息是根据具体物件信息的索引去拿取的，这意味着管理较为准确、精细，而且总体成本更低。区块链的可编程性可以有效控制参与者资产端和负债端的平衡，同时区块链数据透明的特性也使整个市场交易价格对资金需求的反应更真实，进而形成更真实的价格指数。

从交易成本角度看，区块链最显著的特点是去中心化，采用分布式的定价、交易和流通，真正实现了点对点的价值传递。系统每个节点之间进行数据交换无须任何以验证信任为目标的操作（如输入验证密码等），系统运作规则公开透明。

从覆盖范围看，运用区块链信息的记载和回溯的方式，可以快速建立基于关键字或其他智能方式的信息检索系统，提升信息的有效性；同时借助区块链开放性的优势，信息能更加快速地传导至需求方，从而减少市场的信息不对称。传统的金融服务依赖物理网点和人工服务，而区块链金融则基本不受时空的限制，灵活性较强。随着智能终端的普及，绿色金融业务更容易渗透到家庭及个人投资者，推动零售业务发展。农村、西部偏远地区等一些金融服务盲区，通常拥有丰富的矿产资源，但资源利用率低，同时受经济状况的制约，相应的环境污染问题更加严重。通过区块链技术引入绿色金融，这些地区能够更好地提高资源利用率，充分发挥金融的资源配置作用。

从产品创新角度看，区块链开源的设计使其数据对所有人公开，任何人都可以通过公开的接口查询区块链数据和开发相关应用，能够加快市场创新的速度。区块链与商业票据、股票、基金、期货等多种衍生品市场结合，将进一步提高绿色金融的多元化程度。

从风险管理角度看，区块链是对市场经济中所有权的一种全新的制度性安排。这就使得区块链具有不同于传统互联网金融的许多特性。工作量证明机制保证共识攻击只能影响有限几个区块，而且随着时间的推移，整个区块链被篡改的可能性越来越低。同时，共识攻击也不会影响用户的私钥以及加密算法。因此，区块链的数据稳定性和可靠性较高。基于区块链的全网共识确保了信息的可信任性和精确计量，区块链技术应用于碳交易系统能够在很大程度上对绿色金融业务的道德风险、操作风险、信用风险和市场风险进行防范和控制。

区块链的去中心化、开放透明、自治匿名、不可篡改等机制的设计，可能颠覆传统的碳交易模式，成为绿色金融体系多元化建设新的"加速器"。

二、行业白皮书

国内政府机构发布的白皮书如表 3-1 所示。

表 3-1　国内政府机构发布的白皮书

序号	名称	内容简介
1	《2018 年中国区块链产业发展白皮书》	工业和信息化部信息中心发布，系统地分析了我国区块链产业发展现状
2	《中国区块链技术和应用发展白皮书（2016）》	由工业和信息化部信息化和软件服务业司、国家标准化管理委员会工业标准二部指导，中国电子技术标准化研究院联合万向控股、微众银行、乐视、万达网络、平安科技等骨干企业发布。总结了区块链发展现状和趋势，分析了核心关键技术及典型应用场景，提出了我国区块链技术发展路线图和标准化路线图等相关建议
3	《贵阳区块链发展和应用》白皮书	贵阳政府发布。提出了贵阳发展区块链的总体设计，在总体思路、场景应用和支撑体系方面进行了阐述，剖析了各个领域区块链的经济社会价值和运营规则
4	《香港金融管理局区块链白皮书》	香港金融管理局和香港应用科技研究院共同发布。详述了区块链技术的概念，全面展示了两家机构合作研究下的几个技术用例

国内企业发布的白皮书如表 3-2 所示。

表 3-2　国内企业发布的白皮书

序号	名称	内容简介
1	《面向中国资本市场应用的分布式总账白皮书》	中国分布式总账基础协议联盟（China Ledger）撰写。阐述了中国资本市场领域中分布式账本的概念、设计原理、现阶段目标和未来展望
2	《京东区块链技术实践白皮书（2018）》	京东集团发布。详细介绍了其在供应链、金融、保险防欺诈、大数据安全、政务及公共领域落地的不同的区块链应用

续表

序号	名称	内容简介
3	《腾讯区块链方案白皮书》	腾讯公司发布。具体说明了腾讯区块链整体架构的三个层次及其对应的功能与服务对象
4	《布比区块链产品白皮书》	布比区块链金融科技公司发布。介绍了布比区块链的产品架构、技术特色与优势、行业应用案例等
5	《中国区块链产业发展白皮书》	出自乌镇智库。分析了区块链产业的全球和国内发展态势、区块链与其他量化金融（Fin Tech）领域的横向对比以及区块链的热点应用场景
6	《2018 中国区块链行业分析报告》	鲸准研究院整理发表。解答了区块链技术行业中的八大常见疑问

国外发布的重要白皮书如表 3-3 所示。

表 3-3　国外发布的重要白皮书

序号	名称	内容简介
1	《比特币白皮书：一种点对点的电子现金系统》	作者是比特币的开发兼创始人中本聪。提出了一种完全通过点对点技术实现的电子现金系统
2	《以太坊白皮书》	以太坊区块链平台发布。包含了大量的计算机编程知识，主要用以阐明如何利用与数字货币类似的机制，来维护一个共享的计算平台
3	《超级账本 Hyperledger 白皮书》	项目合伙公司联合发布。介绍了项目中正在进化着的区块链结构（Hyperledger）
4	《物联网中的区块链技术白皮书》	印度咨询服务公司 TaTa 发布。概括了区块链技术在物联网领域革新的重要影响力，指出区块链将在密保安全、生态系统物联等方面提供帮助

三、绿色金融领域应用实例

截至目前，国内区块链技术仍处于发展上升阶段，其应用场景仍主要局限于传统金融领域，与绿色金融领域结合的实例较少。下面将主要介绍国外有关区块链技术在绿色金融领域的众多应用实例。

（一）绿色能源交易

1.Electric Chain 太阳能发电奖励系统（Solar Coin）

Solar Coin 是一种数字代币。生产商通过生产可再生能源获得 Solar Coin 的奖励。比如，生产 1 MW·h 的电能将获得 1Solar Coin 的回报。Solar Coin 存储于用户的线上钱包中，其金额可以通过用户手动更新或者由与 Solar Coin 底层区块链技术平台相连的 Smappee 智能泛电表（Smappee 能够通过特殊的"电子签名"来识别家中每种电器，并实时记录其用电情况）自动更新。线上钱包主要有三大功能：用户通过自家太阳能电池板生产太阳能获得 Solar Coin 的存储，用户从他处购买能源过程的支付和节余能源过程中流动 Soah Coin 的销售。

值得一提的是，此处太阳能电池板不必安装在用户自家住房的屋顶上，它可以被安装在任何具备有利发电条件的环境中。例如，一个住在波士顿的用户，可以选择将太阳能电池板安装到内华达州的沙漠中。他只需将线上钱包与其波士顿家中的智能电表相连，就可以用在沙漠中因太阳能电池板发电获得的 Solar Coin 支付在波士顿家中的电费。

2.布鲁克林微电网项目

传统电网需要经过长距离输送电力才能将电力分配到户，这一过程往往伴随不小的电力损耗。这一问题在德国西门子公司发起的布鲁克林微电网项目中得到了一定程度的解决。微电网由街道两侧各五家住户组成。这些住户的屋顶均安装有太阳能电池板，其提供的电能大部分被微电网中住户的日常家用电器消耗，剩余未使用的电能则可以销售给微电网内需要额外电能的住户。

销售过程中每笔交易的发生、管理和记录都是基于智能读表和区块链技术平台实现的。该项目践行了"区块链可以开拓再生能源的本地社区交易市场"这一概念。

3.日本乡村地区太阳能交易先行实验

这一旨在研究如何高效减少碳排放的实验,正在日本乡村地区进行,且由区块链作为其底层技术支持平台。该实验已经由日本环境省批准,于 2018 年 6 月启动,启动后受能源交易公司 Powering Sharing 全程监管,并由东京电力(Tokyo Electric Power)、Softbank 等行业巨头提供技术运营和维护。

在区块链平台上,实验过程中发生的每一笔能源交易都会被记录。基于用户对用户(Customer to Customer, C2C)的交易模式,该实验希望激励日本乡村地区的住户向城中心售卖其多余的能源,以实现能源共享,减少日本二氧化碳的排放量。

(二)碳资产交易——IBM 区块链碳资产交易平台

技术巨头 IBM 公司和中国能源区块链实验室合作搭建了基于区块链的碳资产开发和管理平台。该款产品不仅可以激励中国密集型企业交易碳排放配额,更可以作为未来绿色债券发行登记、绿色供应链管理、绿色电力登记,以及其他各类环境外部性产品的统一登记和管理平台。

(三)气候保险——ACRE Africa 天气指数保险

ACRE Africa 天气指数保险是非洲最大的天气指数保险计划,农民通过该计划支付市场溢价。其中,ACRE Africa 天气指数保险已经为玉米、豆类、小麦、高粱、小米、大豆、向日葵、咖啡和土豆等农产品开发了指数。ACRE Africa 天气指数保险已经在一些发展中国家进行过测试,并取得了一定的成绩。

该保险计划的深层技术理论在于,物联网、区块链和人工智能的结合能够提高农业领域的风险管理能力。鉴于移动基础设施在发展中国家的广泛应用,保险公司利用人工智能处理来自移动无线电塔的无线电信号以生成高分辨率的地球表面的天气模型,用于提供必要的天气预测数据,并以较低的成本部署指数保险合同。指数保险合同能够以智能合约的形式实现合约履行自动化,并能够使所有保险参与者都能看到分布式账本中的交易记录,从而实现端到端的高透明度。

(四)自然资产保护——彩币投资保护自然资产

具有认定资质的环境保护组织,可利用数字货币技术发行相同机理的彩币,为自然资产(如热带雨林、红树林和珊瑚礁等)定价,并实现自然资产投资的民生化。根据内部规定的运作条例,彩币发行组织以正式或非正式承诺的形式,允诺在实现定量的自然资产保护目标后,将投资者购买的彩币兑换成流通货币。

Infinite EARTH 是通过彩币对自然资产进行保护的先锋。在其发起的REDD＋(Reducing greenhouse gas Emissions from Deforestation and forest Degradation developing countries)项目中,根据奖励机制,有针对性地将奖项颁发给对热带雨林有绿色减碳贡献(如减少森林砍伐量、种植树木等)的个人,以实现对森林生态系统的保护。

(五)绿色项目投融资

1.区块链绿色能源公司 ImpactPPA

ImpactPPA 选择以太坊公共区块链平台作为其底层技术支持,基于电力采购协议(PPA)进行去中心化和代币化能源生产,加速全球清洁能源行业发展,并为可再生能源领域带来颠覆式创新。

一方面,项目中的以太坊区块链是根据能源协议 SmartPPA 运作的。该协议允许任何人在任意地点对规模大小不限的项目提出议案。另一方面,电力在项目启动时是通过与区块链平台有接口的智能电表输送的。这一做法可以允许政府、实体企业或个体运营商分送电力，确立合约中针对发电和输电过程的信任机制和安全性。

在新的管线建设项目中，ImpactPPA 公司于 2018 年 4 月 22 日启动出售基于电力资产的 MPAQ 数字代币，以便支持公司快速部署微电网项目。代币持有者有权过目各项目提案，并享有投票权。同时，他们也在出售基于电力采购协议的电力信贷产品（计价单位为 kW·h）。根据以往经验，该信贷产品形成的资金池能够创造项目中 30% 的净利润。在一个会计季度内，一旦资金池的总额超过 100 000 美元，ImpactPPA 将会对发售的 MPAQ 数字代币进行回购。

2.区块链创业公司 Sun Exchange

Sun Exchange 公司尝试利用区块链技术打开全球太阳能电池板租赁市场。应用平台上的会员只需 1 美元和基础的网络连接设备，就可以购买太阳能电池板中的一定单位极板。将已购买的太阳能电池板出租给发展中国家急需用电的学校、医院、社区和商业房等，可以获得平台以数字形式发放的代币奖励。这一融资租赁过程的创新点在于：Sun Exchange 公司通过将太阳能电池板的所有权分解成一个个相对独立的单元，把太阳能的成本降低了两个数量级。该公司的目标是实现对太阳能的普及，并为那些希望使用可再生能源的消费者提供便利。

3.Green Assets Wallet 绿色信贷平台

Green Assets Wallet 打造了一个专注于绿色产业投资的区块链平台，其目标是扩大现有绿色信贷的市场规模，并在投资者与被投资者之间搭建信息桥梁。

上述实例中的三家公司在进行绿色产业投融资时所采用的手段略有不同。ImpactPPA 通过发行 MPAQ 数字代币的方式为其绿色项目进行筹款；Sun Exchange 提供的融资方式更类似于传统的融资租赁；而 Green Assets Wallet 则是在传统的线上借贷服务平台的基础上，更新了区块链技术作为其交易实现和记录的底层技术。第一家公司的融资目的是拓展本公司的业务范围和产业影响力，后两家公司则旨在为投资者和融资者搭建信息与交易平台，通过管理平台运作实现获益。

四、区块链的应用现状及其在绿色金融领域的应用前景

在区块链的浪潮中，贵阳早在 2016 年便发布了《贵阳区块链发展和应用》白皮书，在 2017 年 6 月份又发布了《关于支持区块链发展和应用的若干政策措施（试行）》。从总体来看，贵阳在打造区块链产业的进程中始终发挥着领军作用。

杭州区块链产业的活跃度在国内也首屈一指，并持续获得政府的关注和支持。2017 年 9 月，浙江省、杭州市相关部门多次调研区块链企业。在杭州市政府文件中，区块链曾被多次提及，其中西湖区人民政府出台了《关于打造西溪谷区块链产业园的政策意见（试行）》。2018 年 3 月 26 日，由杭州金融办主办的"2018 全球区块链（杭州）高峰论坛"在杭州国际博览中心举办，会上深入探讨了区块链的跨链、隐私保护、智能合约等相关前沿技术。2018 年 4 月 9 日，杭州区块链产业园启动仪式在海创园举行，包括币印、FCC 等在内的首批 10 家区块链企业集中入驻签约。同日，雄岸全球区块链百亿创新基金也被正式发布。对外公开的"雄岸百亿基金介绍"显示，雄岸全球区块链创新基金是由余杭区政府、未来科技城管委会与杭州暾澜投资管理有限公司共同出资（募集）设立的，该基金总规模达 100 亿元，每期 10 亿元，是史上规模最大的区块链创新基金。其中，政府引导基金出资达 30%，用于投资、引进优质区块链项目。2018 年 5 月 15 日，杭州本土矿机生产商嘉楠耘智正式在港交所提交 IPO（首次公开募股）申请，这或成为区块链第一股。除了嘉楠耘智，另一家矿机制造商亿邦科技也在上市之列。

继杭州雄岸全球区块链百亿创新基金成立之后，2018 年 4 月 22 日，深圳市首个区块链创投基金宣布正式启动，基金首期规模为 5 亿元人民币。雄安新区则是在基础设施、场景应用等方面都有对区块链的动作。2018 年 5 月 19 日，北京也成立了一支规模达 10 亿元的区块链生态投资基金，旨在创建北京地区首家专注无币区块链应用投资的引导基金。

值得注意的是，区块链技术虽然是时下最受关注的新兴产业，但并非在全国所有城市都有着成功的发展。例如，武汉地区的区块链项目仅有 10～20 个，且截至 2018 年 6 月 1 日并没有一家应用落地，也没有一家融资成功，多数只是在 ICO（首次币发行）大热时发起的"空气项目"。类似的区块链项目尽管成为一时的热门话题，但没有产生利润，这也是二三线城市的区块链短期内难以发展起来的原因。

离武汉不远的重庆，区块链的氛围要好一些。在 2017 年底，重庆成立了区块链产业创新基地，政府最大限度地支持区块链技术发展、扶持项目，引进一线城市的区块链技术公司，打造区块链集聚区。

综上，对区块链技术的应用探究在国内重要的一二线城市均已起步，但鲜有公司或项目将其与绿色金融的主题挂钩。区块链具有独特的技术特征，是推动绿色金融监管和绿色金融业务向数字化转型的有力工具。通过共享账本，区块链可实现跨主体、跨机构、不可篡改、保护隐私的数据共享；通过可追溯实现资产穿透，一方面增强资产的流动性和融资能力，另一方面实现穿透式监管；通过智能合约，实现跨机构自动化协调，实现定向产业政策扶植和引导，进而推动绿色金融发展到分布式、智能化、可审计和易监管的高级形态。

绿色金融面临的重要瓶颈在于市场缺乏多元化的产品体系，现有金融产品与客户需求匹配度低，二级市场流动性不足，反过来也会影响一级市场的交易积极性。通过区块链特有的大数据和云计算优势，政府或企业可以开发针对个人绿色消费的结构化产品。国外在个人绿色金融零售业务方面也取得了较大进展，如加拿大推出的节能型住房贷款、低排放汽车贷款，荷兰发行的气候信用卡等。对比之下，国内的区块链技术尚未与互联网大数据深入结合，整个区块链技术在绿色金融领域的应用仍然有很大的提升空间。

第四章　中国绿色金融发展
及体系构建

第一节　中国绿色金融发展的逻辑

经济发达国家和新兴国家均开始关注绿色金融，将绿色金融纳入政策体系之中。随着绿色金融理念的推广，近年来，不少国家开始采取行动推动绿色金融发展，机构投资者成为发达国家推动绿色金融的重要力量。中国应推广绿色金融理念，并将绿色金融纳入经济转型和生态文明建设中，在金融改革和开放中发展绿色金融，积极参与相关国际合作项目。

一、绿色金融的国际经验及对中国的启示

近年来，国际上兴起了绿色金融浪潮，期望通过对金融体系的重塑来推动绿色和包容性经济的发展。就绿色金融的内涵而言，不仅指金融机构的投融资活动要"绿化"（即决策时要充分考虑环境因素，减少乃至停止对污染项目的支持，加大对治理环境项目的扶持），而且要构建绿色金融体系的整体框架，调整实际运营活动，并将社会风险、治理风险等纳入该体系中去。

（一）绿色金融的国际经验

从总体上看，在"绿化"金融系统方面的国际经验还只是零散的、非系统的。金融政策决策者、中央银行、金融监管者以及金融和资本市场标准制定者对于环境的担忧也只是近期才有的现象。尽管如此，国际上在绿色金融发展方面仍然取得了一些进展，如表 4-1 所示。例如，孟加拉国央行把可持续发展看作其使命的重要组成部分，并通过目标再贷款额度和其他工具实现绿色目标；巴西央行通过长期关于可持续发展的国家层面对话对银行业环境和社会风险提出新的要求；欧洲传统的对可持续信息披露的关注正在转移到关于撬动长期资本进行可持续经济恢复的关键问题上；南非取消种族隔离后的金融宪章表达了与可持续发展有着广泛联系的商业、政府和劳动者之间新的社会契约关系；美国关于气候变化的长期经济风险的研究产生额外动力，要求资本市场把对可持续性因素的披露常规化。

表 4-1　各国和地区发展绿色金融的主要做法

国家和地区	主要政策
孟加拉国	鉴于价格和金融稳定、经济增长、贫困、不平等和环境可持续性间的动态关系，央行可以（尽管具有争议性）在现有的要求下对可持续性目标做出调整
	央行可以通过专项再融资这一潜在渠道，使资金流向更加绿色和更具包容性的行业
	协调区别化的贷款上限和其他为了实现可持续性目标采取的规范措施
	央行在促进金融普惠方面扮演关键角色
巴西	需要针对金融机构环境和社会风险规范展开有关全球协调的讨论，特别是对巴塞尔银行协议
	对配置到绿色经济上的金融资源进行标准化分配并监控
	分担环境损害带来的金融责任，有助于降低交易成本
欧洲	强化面向投资者的风险披露（欧盟层面和各成员国层面），特别是对上市公司，提出了一系列环境方面的要求
	政策着眼于长期融资

国家和地区	主要政策
欧洲	审慎和宏观审慎的环境相关风险正得到越来越多的关注，如英国央行引领的在保险业对气候审慎风险进行评估
南非	治理创新通过披露、原则、准则和其他治理要求实现，使金融市场在可持续性中得到更多关注
	每个国家都会有优先可持续发展的某些特定方面，如在南非就是增强黑种人经济权能
美国	要求公司提供基于风险的面向投资者的报告，明确将环境问题纳入金融市场
	发展绿色债务市场，在标准（如证书、保险和信贷评级方法）方面创新
	通过财政政策推动绿色金融发展。相关财政激励政策既有面向实体经济的，也有直接针对金融行业的

从现有实践中得出的经验主要有：

第一，在存在投资者偏见或系统性风险时，需要宏观审慎监管的干预。特别当投资偏见可能影响风险定价进而影响市场效率和公平交易，或者存在与特定环境风险相关的系统性风险（如空气污染或碳市场的法规出台对银行资产负债表的影响）时，更是如此。

第二，应把可持续发展作为金融风险管理的核心。越来越多的国家正在把可持续性因素加入（或考虑加入）法规中。目前的重点在银行层面，如孟加拉国和巴西。另一个新动向是建立一种特殊的评估机制，以使金融机构能够从环境和社会因素角度预测潜在的资产价值损害和波动。在欧洲国家，用"环境压力测试"来评估碳风险对长期资产持有者的影响的尝试已经开始（如英国）。

第三，绿色债券市场可以成为重要载体。由于绿色债券作为中长期金融产品更容易被机构投资者纳入投资组合，因此绿色债券已经成为绿色金融的重要载体。自2007年欧洲投资银行发行了第一只"绿色债券"，全球绿色债券市场以大于50%的复合年均增长率快速发展，2014年绿色债券的余额已达到了400亿美元。为了进一步发展绿色债券市场，一些国家正在研究一些关键的政策问题，如保证市场统一的通用标准、鼓励增加资金流入的税收激励、实现机构配置的信用增级等。

第四，应使货币政策与绿色金融目标相协调。鉴于货币政策对经济和社会整体有广泛的影响，发挥央行在绿色金融中的作用被提上政策议程。央行在对已到期的证券进行再投资时的选择，会为绿色金融带来巨大机遇。另外，未来的货币政策工具会对绿色金融产生重大影响。例如，印度储备银行规定了特定行业的最小贷款比重，孟加拉国央行对特定产品提出债务上限要求等，都是央行使用的工具。

（二）对中国的启示

第一，应推广绿色金融理念，并将绿色金融纳入经济转型和生态文明建设中。目前，迫切需要将绿色金融理念纳入经济转型和生态文明建设中，并为建设绿色金融体系组织专门研究。

第二，在金融改革和开放中发展绿色金融。一是建立绿色评估机制，把握中国绿色金融的发展现状和存在的问题；二是加强绿色金融的制度建设；三是在金砖国家新开发银行和亚洲基础设施投资银行运营机制设计中，明确绿色金融原则，并在这一原则指导下开展业务。

第三，积极参与相关国际合作项目，争取达成共识。在绿色金融领域，中国起步较早，且已得到国际认可，未来应以积极的态度参与可持续金融发展的相关国际合作项目，争取在未来国际绿色金融框架定义和设计过程中达成共识、统一标准、共同推进。

二、近年来绿色金融的发展动向

第一，无论是在经济发达国家还是新兴国家，绿色金融的概念都在向更大范围扩散。除了发达国家，关注绿色金融的，不乏孟加拉国、巴西、肯尼亚、乌干达、南非、印度等发展中国家。在国际层面，2014 年 1 月，联合国环境规划署建立了"设计可持续金融体系"项目工作组，以期探索促进金融体系与可持续发展更紧密结合的政策，乃至对金融体系进行系统性变革。2014 年 7 月，世界银行发布《环境和社会框架：为可持续发展确定标准》报告，试图搭建绿色金融发展的框架、要求、标准和流程。

第二，越来越多的国家开始将绿色金融纳入政策体系之中。随着绿色金融理念的推广，近年来不少国家开始采取行动推动绿色金融发展。例如，巴西中央银行于 2014 年 4 月出台了新的监管办法，要求商业银行必须制定环境管理和社会风险管理的战略行动与治理框架，并将其作为整体风险管理的核心要素加以实施。几乎在同时，欧盟要求上市公司披露实施环境和社会政策的情况；美国财政部有 80% 的对外援助项目有绿色要求；南非 2011 年出台的监管准则要求企业披露其财务与可持续性能力；2014 年 3 月，澳大利亚股票交易所发布了新的上市公司治理报告，要求上市公司披露是否面临实质性的经济、环境和社会可持续风险暴露和如何管理这些风险。

第三，机构投资者成为发达国家推动绿色金融的重要力量。目前在发达国家，机构投资者（养老基金、保险公司等）通过股东投票权、将不符合可持续发展理念的公司排除在投资组合之外等手段，对被投资企业施加影响（即所谓"积极股东主义"）。

三、中国绿色金融发展的现状及面临的问题

绿色金融在中国的发展可追溯至 20 世纪 80 年代。特别是近年来，中国的绿色金融在法律政策环境、规模体量和市场机构建设等方面均取得了成就，以绿色信贷为代表的绿色金融实践也已经走在世界前列。

（一）中国发展绿色金融取得的成就

首先，在政府的推动下，中国的绿色金融法规体系已经逐步建立。中国政府从改革开放伊始便注重环境保护问题，相关部门发布过一些与绿色金融相关的文件。进入 21 世纪，中国政府的环境保护思路开始从主要运用行政手段转变为综合运用法律、经济、金融、技术等多种手段解决环境问题。从"十一五"期间绿色金融政策体系初步确立开始，"十二五"规划首次对包括绿色金融在内的环境经济政策进行了统一规划。随后，2013 年党的十八届三中全会提出了"加快生态文明制度建设"，为中国绿色金融的发展创造了层级更高、权威性更强的环境经济政策空间。目前，中国绿色金融政策体系主要包括两类：一是与绿色金融直接相关的政策，二是与财税、价格和基础设施建设相关的配套政策。从总体来看，中国绿色金融政策体系的基本框架已初步成型，对中国绿色金融市场的启动和发展起到了关键作用。

其次，绿色金融的规模逐渐扩大，对绿色可持续发展的支持程度逐步加大。在我国，无论是绿色信贷、绿色保险还是绿色证券均取得了长足进展。例如，越来越多的绿色企业发行了债务融资工具，环保主题基金的发放数量不断增加，更多的碳排放权交易市场建成并运行。

最后，主要金融机构及非金融机构发挥了不同作用。绿色信贷实施较早且相对完善，这与中国以银行业为主导的金融体系结构相关。同时，绿色环保文化、绿色低碳运营等概念也在银行领域体现得较为充分。三家政策性银行利用

其业务的不同特点，针对不同领域，以不同方式支持绿色环保产业和生态环境建设。保险公司则通过环境责任险协助企业加强环境风险的管理能力，提升污染治理水平，降低污染事故发生概率，借此确保生态环境安全。私募股权和风险投资基金在回归价值投资的过程中，逐步加大对可再生能源和清洁技术等可持续性行业的投资。此外，中介服务机构及绿色非政府组织也为推动绿色金融和绿色发展起到了重要的补充作用。

从总体上看，绿色金融在资源配置方面对经济的转型调整起到了一定的促进作用。例如，绿色信贷在一定程度上抑制了"两高一资"（高耗能、高污染、资源性）项目贷款的占比，同时为多数环保新兴产业提供了有力的支持。从地方的做法来看，多数省市也制定了自身的绿色金融发展战略，在引导金融机构支持节能环保产业方面逐步确立了更高层次、更长期的制度安排。

（二）中国经济转型对绿色金融的需求

近年来，中国政府正在努力摆脱过去"先发展，后治理"的模式，从资源消耗型经济过渡到资源节约型和环境友好型经济。经济发展方式向绿色发展的调整，包括促进绿色产业发展和改造传统产业两个层面。从具体实践来看，未来政府的主推方向将是清洁能源、工业节能、建筑节能、交通节能、终端能效提高以及环境污染治理（包括消除已经产生的污染和遏制新的污染源）等。中国金融体系应在遵循金融行业本身发展的特征和趋势的同时，通过金融资源的配置作用，有效引导金融资源的流向，促进产业结构的调整，加速增长模式的转变，化解产能过剩，减少资源环境约束，为整个经济的转型发展提供强有力的支撑。另外，金融体系自身也需要寻找有别于传统金融的绿色发展模式，有效识别和防范由环境因素导致的金融风险。

（三）未来中国绿色金融发展面临的问题

中国绿色金融的发展虽然已经取得了多方面的成就，但绿色金融在满足上述绿色发展和绿色经济的需求时仍面临一定困难。绿色发展项目普遍存在前期投入大、收益期长、现金流覆盖能力低、收益不确定、风险高等特点，这在一定程度上影响了金融机构参与的积极性。而以政府政策推动为主要动力的绿色金融在发展过程中也存在一系列问题。

1.绿色金融的概念和定义仍不甚清晰，绿色发展战略的顶层设计仍有缺陷

迄今为止，中国关于绿色金融尚缺乏完整、统一、明确的概念框架和统计意义上的详细定义，决策者及各参与机构对绿色金融概念的内涵和外延的理解不完全相同，导致各方对绿色金融及相关概念存在理解狭隘、概念冲突等问题。此外，虽然中国明确了绿色可持续发展的国家战略，但缺少一个关于绿色金融战略实施的顶层设计和具体实施规则，部门之间的协调机制仍不完善。这使得该战略难以在金融政策的制定过程中得到完整有效的落实，绿色金融发展的战略和战术层面尚未有效衔接。在对绿色金融概念进行定义，以及绿色金融战略的顶层设计、实施方面都存在较多空白的情况下，难以真正将相关概念在立法和实施层面都得到充分的体现。

2.相关法律、监管以及制度上存在问题

一是绿色金融的法律和监管体系不完善，责任归属不明，操作性不强，执行不力。中国已制定并颁布了与环境保护相关的法律、法规、规章、标准和规范性文件，形成了比较完整的环境保护政策体系。然而，现有法律体系之间存在一定程度的内容交叉，政府相关部门关系不明，甚至不同立法文件之间内容矛盾。权责不明导致具体实施过程中相关规定被不断弱化，执行和监管不力，客观上降低了环境保护的标准，难以对破坏环境的行为形成强有力的外部约束，制约了绿色金融的发展。目前，中国环境监管对象的范围狭窄，监管不严导致偷排、无处理排放屡禁不止。总的来说，环保领域存在的法规不严、执行

不力、标准过低等问题，难以有效引导绿色金融资源充分流向环保产业。同时，立法层次低也在一定程度上影响了法律和监管制度的效力，排放权市场的相关法律也存在类似问题。

二是相关机制存在缺陷。以信息披露为例，政府产业部门、环境管理部门和金融监管部门之间，政府与金融机构之间缺乏有效的信息联通机制。银行关于绿色信贷的披露信息缺乏一致、清晰的口径，导致数据缺乏可比性。上市公司关于主要污染物排放情况、治理措施及效果等重要信息的披露也不足，且仅针对 IPO 环节。排放权市场上，监测、报告和核证体系尚未建立，市场体制尚不完善，排放权交易制度的设计能力尚不足。

三是未能通过法律、政策和体制安排，将市场价格体系下绿色项目的正外部性和污染投资的负外部性显性化，导致地方政府和企业缺少减少排放、治理污染的动力，加大了金融机构的风险。

3.绿色金融政策的操作过程中存在问题

中央政府和地方政府之间、政府与市场之间的利益关系存在背离和偏差。在绿色发展的大背景和中央政府的考核压力下，地方政府的行为具有矛盾性：一方面，有绿色发展和改善环境的迫切需要；另一方面，为维持一定的经济增速，又存在容忍破坏环境严重但税收贡献大的产业的动机。表现在行动上，就是一方面积极发展新兴绿色产业，另一方面对现有企业的环境污染监督力度往往不够。同时，由于中国经济发展水平存在巨大的地区差异，发达地区地方政府的环境意识通常强于欠发达地区。此外，条块分割的管理模式因地方政府之间复杂的竞争合作关系而无法满足流域、区域管理的需要。加上中央有关职能部门对地方政府消极执行环境政策的行为缺乏制约，最终导致中央政府制定的环境保护制度难以在地方得到有效执行。此外，目前中国绿色金融的发展更多源自行政性推动，而非市场主体的主动行为，企业对绿色金融的有效需求不足，而"两高一资"企业因高利润和高回报对商业银行仍颇具吸引力。

4.绿色金融相关的市场和产品存在一定的缺陷

绿色金融产品种类较为有限，覆盖范围较窄，且仍以绿色信贷为主要资金来源，环保资金渠道单一。其中，绿色信贷仍以传统流动资金贷款为主。绿色保险目前多仅指环境污染责任保险（以下简称"环责险"），且覆盖范围相对狭窄。绿色证券方面，上市公司的环境绩效评估仅在部分地区进行了试点。此外，部分经营主体的专业化程度仍然较低，如绿色保险中，部分环责险的经营主体专业化程度低，产品缺乏足够的吸引力。

5.缺乏政策和人才、中介机构的配套

一是财税、价格等配套政策推出较晚，进展滞后。目前，针对金融机构经营绿色金融业务所实施的财税激励政策不完全到位。虽然中央财政对环境保护的投入在逐年增加，但仍存在财政性环保投资缺乏有效整合、环保资金以应急为主而缺少长期统筹考虑、缺少有效监管且重投资轻效益等问题。

二是缺少专业人才发展战略，中介市场及服务机构发展相对缓慢。例如，绿色保险的关键配套制度——环责险的评估制度就因人力、物力不足，缺少专门的环境污染损害鉴定评估机构等因素而难以落实。商业银行则因在专业领域的技术识别能力欠缺，影响了绿色信贷的投放。

四、绿色金融行动框架——系统推进中国绿色金融发展的顶层设计

我国在发展绿色金融的顶层设计上已处于世界领先地位。《关于构建绿色金融体系的指导意见》的出台，预示着我国将成全球首个建立比较完整的绿色金融政策体系的经济体。绿色金融理念的落实、绿色金融体系的丰富，最终需要务实行动。绿色金融国家战略已得到较好的执行和落实，但全国各地情况差异较大。为切实建立并完善绿色金融体系，地方发展绿色金融需要从创新模式

的完善、资金来源的拓展及国际绿色金融合作等方面进一步加强。

（一）推动绿色金融立法，加大执法力度

按照"依法治国"的思想，以法律的形式确立绿色金融制度，在投融资领域加强企业的社会责任：一是在对《中华人民共和国商业银行法》《中华人民共和国证券法》和《中华人民共和国保险法》等相关法律进行修改时，加入"绿色"元素。二是进一步完善环境保护的法律法规和实施细则，明确并加大环境污染者的法律责任。在以国家立法为主的前提下，鼓励各省、自治区、直辖市人民代表大会因地制宜，制定绿色发展的地方性法规，促进本地区经济的可持续发展。三是按照"民事责任为主，刑事、行政责任为辅"的原则，强化有关责任部门的执法权力，加大环境保护的执法力度，激发企业保护环境和减少污染的内在动力，促使金融机构自发承担环境社会责任和推行绿色金融。

（二）加强协调合作

以完善信息协调和共享为抓手，加强政府部门之间、政府与第三方机构的协调合作。发展绿色金融涉及财税部门、环保部门、金融机构以及社会中介机构等多方主体，需要建立稳定的跨部门协调机制，确保绿色金融政策的统一性和稳定性。同时，构建工业管理部门、环保部门与金融监管部门的双向信息沟通与共享平台，及时沟通有关环境保护的技术信息、行业标准以及违法违规处置情况。此外，中央政府和地方政府还应建立与第三方机构的协作机制，充分借用社会监督、社会评估的力量，及时反馈执法和政策落实情况，提高政府工作效率。

（三）加快调整符合绿色发展需要的投资组合

完善绿色金融政策支持体系，引导金融机构加快绿色金融产品创新、投资者调整符合绿色发展需要的投资组合。究其本质，绿色金融是在政策引导和鼓

励下，通过贷款、基金、债券、股票、保险等金融服务，将社会资金引导到支持环保、节能、清洁能源等绿色产业的一系列制度安排。从经济学原理分析，绿色金融通过金融政策和产品、服务创新形成新的金融发展范式，将"绿水青山"的隐性收益和污染的隐性成本显性化，重构资金的价格形成机制，通过政策和市场信号降低自然资源和碳密集型投资的经济价值，改变金融主体的行为偏好。原则上，应比照当前对农村金融和小微企业的支持力度，建立和完善绿色金融政策支持体系，推进财税政策、货币政策、信贷政策与产业政策的协调与配合，强化对金融机构开展绿色金融业务的激励和约束。

1.促使货币政策与绿色金融目标相协调

货币政策对经济和社会整体有广泛的影响。央行关于利率水平、通胀目标和汇率所采取的行动是投资决策的关键因素。货币政策可以采取的措施：一是对货币政策工具进行结构化设计，如将存款准备金率、利率、短期流动性调节工具（SLO）、常设借贷便利（SLF）等常规货币政策工具与绿色金融挂钩，以进一步发挥货币政策定向微调的功能；二是制定专门的"支绿"再贷款政策；三是在调整央行资产结构时，增加"绿色"因素（如购买绿色债券），在宏观调控需要实施量化宽松的货币政策时，尽可能形成"绿色量化宽松"；四是将环境相关风险纳入评估金融稳定性的指标体系和模型，制定一个绿色宏观、微观评估框架，以及一套标准化的环境评估方法，以使监管机构和政策制定者能够测量、评估企业与环境政策目标相关的活动。该框架可以帮助监管机构审查整个金融体系的环境风险影响，评估金融机构在"看似不可能但真实存在的"情境下的弹性，并引导宏观审慎监管进行相应的调整。

未来还需要进一步探寻货币政策与绿色金融的关系，包括：央行的决策对绿色和包容性增长的目标产生的重大影响；确定并消除当前货币政策中与绿色经济目标不匹配之处；审核差别存款准备金要求的应用，以及其与绿色金融目标相匹配的可能性；提升关于环境退化和资源稀缺可能对价格和金融稳定性产生的影响的认知能力；更好地理解利率水平对能源、水和资源安全领域所需长期投资的影响。

2.在银行监管政策中融入绿色金融内容，并将可持续发展作为金融风险管理的重要内容

目前，越来越多的国家正在把可持续性因素加入（或考虑加入）金融监管体系。从中国的国情出发，可以采取的措施：一是对符合条件的绿色信贷不计入存贷比考核指标；二是引入环境压力测试制度，开发适用于不同类型金融资产组合的环境压力测试的标准、评测体系和方法；三是树立"绿色资产"在抵押担保方面的优惠地位；四是为绿色信贷建立更加便捷的证券化通道。

3.促使证券市场监管政策与发展绿色金融协调，加大发展绿色债券市场的力度

当前中国绿色投资实践中的市场化融资渠道，主要是商业贷款。相对于绿色投融资的实际需要，这种相对单一的融资结构的可持续性较低。而中国绿色投资资金主要依赖银行贷款的现实状况，并不是投资主体选择银行贷款的意愿更强，而是由于其他融资渠道存在制度性限制。针对上述问题，未来证券市场的监管政策应重点围绕三个方面推进：一是积极建设绿色债券市场；二是建立上市公司和发债企业环境信息强制披露机制；三是推动建立绿色投资者网络，完善投资者社会责任体系。

发展绿色债券市场应采取的措施如下：

第一，需要对什么是与债券挂钩的绿色投资给出明确的标准和定义。应建立一个得到政府认可的定义（可以涵盖可再生能源、能效、低碳交通、水、废物管理、可持续农业和气候变化对策等领域），并通过建立政府认可体系或第三方机构为公司债券发行人确保债券的"绿色"，为公司债券发行人提供便捷通道。

第二，形成一个以绿色债券为主的债券交易市场需要大量的绿色贷款。相较于非绿色贷款，对绿色贷款提供差别价格机制（或为绿色债务性产品提供差别银行资本充足率要求）可以有效增加绿色信贷。

第三，为绿色证券提供信用增级。

第四，在一定范围内对绿色债券投资收入给予免税，以支持对绿色债券的投资。

第五，各级政府和相关机构可以发行具有双重追索权的绿色债券或有政府担保的收益债券，以便为投资者提供分析绿色资产表现的经验，使投资者避免暴露于更高的风险中。随着投资者对绿色资产的表现更加熟悉，市场可以发展为绿色资产担保的证券。

第六，发行绿色城市建设债券。这类债券可用于资助一系列绿色项目，特别是对中国城市化发展来说非常重要的交通运输、可再生能源和清洁用水项目。绿色城市债券可以在国内市场或以人民币结算的离岸债券市场发行，以吸引更多的投资者。

第七，在证券监管政策方面，可以通过开发既与政策目标相连又能获得公共部门激励措施的环境友好型基准股票和债券指数。这些指数产品可以直接植入股票市场管理规则中，也可以与针对资产管理公司的激励措施（如税收优惠）相关联。

4.促使保险监管政策与发展绿色金融相协调

一是要拓展绿色保险的定义及范围。现有绿色保险的定义和范围过窄，限制了保险人更好地了解、预防和减少环境风险的潜力和支持环境可持续发展积极性的发挥。绿色保险不仅仅是应对短期环境污染事故风险的工具，更是应对气候变化等长期风险的一种有效机制。拓展绿色保险定义的目的是对环境风险管理形成一套综合方法和各种各样的保险解决方案（如太阳能电池板和风力涡轮机的履约保险、能源和水效率建筑保险、"按里程付费"保险）。二是要进一步改进和完善环境污染责任保险制度，包括建立健全与环责险相关的法律法规体系、优化地方政府在环责险发展中的角色定位、出台必要的财税政策支持环责险的业务发展、对环境污染责任保险制度的效果进行评估等。三是加快建立完善环境污染损害鉴定评估机制，规范环境污染事故的责任认定和损害鉴定工作，健全环境损害赔偿制度，支持和鼓励保险经纪机构提供环境风险评估和其他有关保险的技术支持和服务。

5.财政政策在支持绿色金融方面可以发挥更大的作用

在继续通过财税、价格、土地等政策鼓励和支持企业进行绿色投资的同时，政府政策和政府信用应尽可能由直接用于满足融资需要本身，更多地转向对市场化绿色金融供给的激励上。换言之，财政信用和财税政策，除了更集中于必需的领域，应更多用于支持绿色金融供给的渠道拓展和金融产品创新，而不是简单地对绿色金融供给的替代。

可以推进的举措包括：①伴随金融业"营改增"的税制改革，对各类金融机构开展绿色金融业务的收入实行适当的所得税和增值税优惠；②会同中国人民银行、国家金融监督管理总局，研究制定科学、便捷、有效的对绿色投资项目的贴息制度，甚至可以将直接发放给企业的节能奖励转化为信贷贴息，以市场的手段确保财政资金使用的效率性、公平性和普适性；③对绿色债券的投资收入减免税收，以支持绿色债券投资和绿色债券市场发展；④通过政府采购，更多地支持绿色企业发展，以增强绿色金融的稳健性。

（四）大力培育中介服务体系，加快绿色金融基础设施建设

绿色金融项目通常技术较为复杂，难以全面、准确地揭示项目风险，需要专业技术评估的支持。为此，要在发挥现有中介服务机构作用的基础上，加快培育和完善独立的第三方评估机构，建立规范、高效的交易市场，完善二级流转市场，提升对绿色金融服务的支持效率。

在绿色金融基础设施方面，一是要以政府购买服务的方式，建立公益性的环境成本信息系统，打通各个环节目前缺乏项目环境成本信息和分析能力的瓶颈，为决策者和全社会投资者提供依据。可以参考国外提出的"自然资本负债"概念，将大气污染物排放、水污染、垃圾生成等产生的环境成本尽可能量化，评估未被当前市场价格反映的"外部性"规模。二是要建立绿色评级体系，尽

快进行绿色评级试点。三是要研究绿色因素对主权政府、地方政府和企业评级的影响路径、影响程度等，合理确定评级标准与方法。

（五）发挥政策性金融机构在绿色金融领域的引导作用

可以采取的措施包括：一是建立国家级"绿色金融专项基金"，资金部分来自政府（污染罚款、环境税和财政收入划拨等），部分来自社会资本（包括社保基金、保险公司和其他具有长期投资意愿的市场机构），通过引入激励机制，直接在股权层面撬动社会资本。二是要求现有政策性银行信贷进一步"绿化"，按照赤道原则调整业务流程和产品结构；同时，政策性银行应在成为银团贷款牵头行时，对贷款用途有更清晰的导向，支持节能环保的投资项目和对被投资企业施加影响。在政策性银行内部应设立专门的绿色金融部门，主要负责对信贷对象和信贷组合进行基于绿色金融标准的评估。三是对现有政府性的各类基金（如社保基金、医保基金、住房公积金等）的投资活动增加社会责任要求，更好地发挥政府的投资引领作用。

第二节　中国绿色金融发展策略

当前我国在互联网金融和绿色金融领域的发展已经呈现领先世界的态势。相信基于数字化技术的互联网金融在拥抱绿色发展后，中国的领先优势一定会得到保持并有望继续扩大。

从我国绿色金融的发展实践看，绿色金融的基本内涵就是从金融和环境的关系入手，将生态观念引入金融，依靠金融手段和金融创新影响企业的投资取向，进而影响经济取向，改变传统的金融增长方式，形成有利于节约资源、降低消耗、增加效益、改善环境的金融增长新模式。

简单地说，绿色金融是指在金融部门实施环境保护和节能减排政策，通过金融业务运作来促进经济发展方式转变和产业结构转型升级，并实现金融可持续发展的一种金融发展战略。绿色金融通过市场化的方式解决问题，突破采取行政管制方式解决环境问题的传统做法。发展具有中国特色的绿色金融体系，不仅要把发达国家在发展绿色金融中有益的市场经验"拿过来"，而且需要建立一整套机制，综合利用市场、金融、财政、税收等手段，实现环境资源优化配置，从整体上更好地推进绿色金融的发展。

当前发展绿色经济需要金融业的支持。作为优化社会资源配置的重要工具和方式的金融业，对各行业的发展具有不可替代的导向与促进作用。实现金融业服务创新，推动绿色经济发展，对促进经济社会和金融业自身的可持续发展有着重要的现实意义和长远的战略意义。党中央、国务院高度重视金融工作，大力推进金融改革与发展，金融业发展取得了举世瞩目的成就，金融对经济社会发展的支撑能力明显提升，促进了社会经济的平稳较快增长。

目前，我国绿色金融的发展面临着有效激励不足、配套措施和机制不完善、资金供求矛盾突出等一系列问题，因此政府要综合运用财政、税收、金融等手段，积极引导社会资源向节能环保产业流动。中国银行业要积极探索银行类绿色基金理财产品、绿色资产证券化等结构性金融工具，提升对绿色经济发展的支持服务能力，积极参与国际绿色金融规则的制定，并且设法制定符合中国现阶段实际的绿色金融标准，只有采取切实有力措施支持绿色金融的发展，才能在全球绿色金融体系中拥有更大的参与权、话语权和主动权。

一、加大舆论的宣传与引导力度

在发展我国绿色金融的过程中，要注重舆论的宣传与引导，加大对环境问题的宣传力度，正确引导社会公众形成绿色消费理念，形成全社会理解、支持绿色经济的氛围；同时还要充分发挥网络、电视、报纸等媒体的监督作用，使金融机构支持绿色经济的行为与社会形象挂钩，推动金融机构积极遵循绿色金融原则，形成全社会共同关注、支持我国绿色金融发展的氛围。

二、发挥市场机制的作用

应把绿色金融创新作为支持绿色经济发展的切入点，从理念、制度机制、产品、绿色金融规则和标准制定等方面进行创新。市场机制的作用是通过价格的涨落吸引相关市场主体参与交易。因此，在发展我国绿色金融的过程中，必须建立现代企业制度，加强生产经营管理，坚持市场化的思路，发挥市场机制的作用，其机制的设定必须具有足够的激励性，能够吸引金融机构主动参与相关交易。

三、完善风险控制机制

为了防范产品创新、信贷结构调整等可能带来的风险，金融机构必须根据现实特点分析薄弱环节和风险隐患，有针对性地制定风险控制措施，建立和完善风险控制机制。深化绿色金融创新，是责任，也是机遇。银行业应积极推进业务转型，实施绿色信贷政策。"赤道原则"为银行类机构提供了实行绿色信贷政策的范本，为绿色信贷的持续发展提供了理论依据。银行类机构要按照赤道原则的标准和要求，实施绿色信贷政策，创新绿色金融产品，发挥信贷杠杆作用，全力服务绿色经济。如果借款方不愿意或不能够遵守赤道原则文本中所提出的社会和环境政策、程序，那么银行将拒绝为其项目提供贷款。

四、加强与国际金融机构的合作交流，解决融资问题

将国际上金融机制的成功经验引进国内，加强在金融服务领域的国际交流与合作。首先，要加强与国际金融组织的合作，如在世界环境保护中发挥重要作用的世界银行和亚洲开发银行等国际金融组织，争取与之成为合作伙伴，并在开展能效项目融资合作的同时，积极扩大合作。其次，要加强与跨国银行的合作。有不少投资入股中资金融机构的大型跨国银行已经接受赤道原则，在绿色金融产品和服务创新方面处于世界领先水平。可以考虑将金融服务作为今后中资金融机构与境外战略投资者之间开展技术合作的重点领域，虚心学习全世界先进的金融机构在促进可持续发展方面的领先经验。

五、健全绿色金融发展相关法律法规和政策

从西方发达国家的现实情况看，政府的支持和引导，是推动绿色金融发展的保障，对于绿色金融的发展起着非常重要的推动作用。例如，在英国、日本等国绿色金融的发展中，政府的大力支持起到了"加速器"的作用。绿色金融是世界金融发展的方向，必将是继互联网技术之后，世界金融新的增长点和推动力。因此，加大政府的支持力度是十分必要的。

发展绿色金融要充分发挥政府职能，制定绿色金融发展相关法规和政策，设立绿色金融发展组织机构，加快绿色金融技术标准体系建设，建立针对地方政府和企业的绿色金融考核制度，制定和实施绿色金融认证制度。

首先，完善绿色金融创新的激励政策。推行科技人员和经营管理人员、绿色金融产品开发人员的技术入股、专利入股和持股经营政策，以奖励在绿色金融创新方面有突出贡献的人才，并要放宽入股比例限制，加大奖励力度，使收入与岗位技能、工作业绩以及经济效益挂钩。

其次，实施促进绿色金融技术创新的采购政策。实行政府"绿色金融"采购，政府购买和使用符合绿色金融认证标准的产品和服务，弥补市场机制不足，保护、激励技术创新，创造市场空间，实现绿色金融技术创新的有效扶持。

再次，建立征收生态环境补偿费制度，如针对各类矿产资源的过度开采、森林砍伐、草原的过度使用、地下水资源的过量开采、地表水资源的过度开发、土地的过度开发等开征生态环境补偿费。

最后，加大对绿色金融发展的财政支持力度。政府要运用财政政策积极引导、鼓励、扶持绿色金融的发展，促使绿色金融产业竞争力的提高。政府可以增列绿色金融发展支出预算项目，使预算支出成为绿色金融发展资金的根本保证。政府也可以对企业绿色金融投资项目在贷款额度、贷款利率、还贷条件等方面给予优惠，对企业投资防污设备给予税前还贷、加速折旧等形式的支持，对绿色金融融资给予税收优惠或财政贴息等。政府还可以建立绿色金融发展投资增长机制，通过制定法规的形式，确定一定时期内政府绿色金融发展投资占GDP 的比例或占财政支出的比例，明确规定绿色金融发展投资增长速度要略高于国民经济的增长速度。

第三节　中国绿色金融体系的构建

在"十三五"期间绿色发展理念确立和密集绿色政策出台的背景下，我国绿色金融政策框架体系初步建立，绿色金融分析工具日趋多样化，环境信息披露制度不断规范，绿色产业政策方面不断加码，在解决绿色金融发展所面临的环境外部性内生化、绿色项目和资金来源期限错配、市场信息不对称、投资者的绿色分析能力不足等问题方面取得了一定的进步，绿色金融的整体发展环境得到逐步改善。

2016 年是"十三五"开局之年，也是中国绿色金融的元年。在"创新、协调、绿色、开放、共享"的发展理念和经济绿色转型背景下，配套政策密集出台，绿色金融市场环境不断改善。绿色金融承担着引导社会资金流向节能、低碳、环保行业，倒逼企业技术升级和产业转型，实现经济效益、环境效益和社会效益协调发展，并最终推动供给侧结构性改革和生态文明体制改革的重要使命。发展绿色金融、构建绿色金融体系已经上升到国家战略高度。

自 2015 年 12 月中国金融学会绿色金融专业委员会（以下简称"绿金委"）编制我国第一份关于绿色债券界定的文件——《绿色债券支持项目目录（2015 年版）》以来，2016 年国内发布的一系列促进绿色金融发展的政策文件或规划指南，分析我国绿色金融政策体系的主要构架，从环境外部性内生化、市场信息披露、绿色产业与绿色发展等方面，整理归纳绿色金融的政策脉络，为今后推出更有效的绿色金融配套政策提供了借鉴。

一、绿色金融政策体系初具雏形

中国建立绿色金融体系有助于启动新的增长点，提升经济增长潜力，加速产业结构、能源结构和交通运输结构的绿色转型，提升经济的技术含量，缓解环境问题对财政的压力，维护中国"负责任大国"的国际形象。为了引导更多社会资金投资于绿色产业，必须提高绿色项目的投资回报率，降低污染性项目的投资回报率，强化企业社会责任意识，促进绿色投资，强化消费者的绿色环保和消费意识。

（一）构建绿色金融体系设想

党的十八大确立了生态文明国家发展战略，绿色金融逐渐上升到国家战略层面，绿色金融政策红利不断。2015 年 9 月，中共中央、国务院发布《生态文明体制改革总体方案》，方案作为生态文明体制改革的顶层设计，首次明确提出构建绿色金融体系战略，推广绿色信贷。2016 年 3 月，《中华人民共和国国民经济和社会发展第十三个五年规划纲要》明确提出"建立绿色金融体系，发展绿色信贷、绿色债券，设立绿色发展基金"。

（二）完善绿色债券发行指引政策

在《生态文明体制改革总体方案》的指导下，绿金委编制《目录》;《目录》发布当日，中国人民银行出台《39 号公告》，鼓励在银行间债券市场推出绿色金融债券，募集资金用于支持绿色产业项目并按约定还本付息的有价证券。《39 号公告》和《目录》这两份文件在绿色债券支持项目范围、审核流程、担保增新渠道、债券品种创新等方面提出指导意见，这两份文件的发布，标志着国内绿色债券市场正式启动。2015 年 12 月 31 日，国家发展和改革委员会出台了《绿色债券发行指引》，界定了绿色企业债券支持项目范围以及发行优惠条件，进一步释放了政策支持绿色债券发行的信号。

2016 年 3 月和 4 月，上海证券交易所和深圳证券交易所先后发布《上海证券交易所关于开展绿色公司债券试点的通知》及《深圳证券交易所关于开展绿色公司债券业务试点的通知》，规范绿色债券发行，强调绿色债券信息披露，鼓励第三方专业评估或认证机构开展对募投项目绿色评估或认证及债券存续期绿色项目的跟踪评估，明确为绿色债券提供"绿色通道"等政策支持，并对被认定为绿色的公司债券进行统一标识"G"标，积极引导交易所绿色债券市场支持绿色产业。

（三）出台绿色金融政策顶层设计

2016 年 8 月底，中国人民银行、财政部等七部委联合发布了全球首部由政府主导的绿色金融政策框架《关于构建绿色金融体系的指导意见》，明确了绿色金融体系概念，并就市场运行和监管制度、绿色金融产品创新以及绿色金融风险防范方面提出了一系列激励措施和约束机制，构建了政府、金融机构、环保企业等多方参与协同的绿色金融政策体系的顶层设计。

二、多项举措促进环境外部性内生化

中国人民银行、财政部等七部委下发的《关于构建绿色金融体系的指导意见》中明确指出："建立健全绿色金融体系，需要金融、财政、环保等政策和相关法律法规的配套支持，通过建立适当的激励和约束机制解决项目环境外部性问题。"可以说，环境外部性的内生化是绿色金融的核心，也是实现绿色发展的关键。通过梳理 2016 年出台的政策制度，笔者总结了政府及监管层促进环境外部性内生化的多项举措，包括建立有效的产权制度、引入市场机制、完善环境监管体系、环境税费改革等。

（一）明确产权，建立有效的产权制度

产权不清是导致外部性的重要因素，制约了资源的有效配置。2016 年 11 月，国务院办公厅印发《控制污染物排放许可制实施方案》，对完善控制污染物排放许可制度、实施企事业单位排污许可证管理做出部署。同年 12 月底，国务院《关于全民所有自然资源资产有偿使用制度改革的指导意见》成文，针对土地、水、矿产、森林、草原、海域海岛等国有自然资源，提出要基本建立产权明晰、权能丰富、规则完善、监管有效、权益落实的全民所有自然资源资产有偿使用制度。

（二）引入市场机制，发挥市场作用

通过排污权交易，推动环境污染成本的内生化，强化企业污染物减排的动机，减少污染物排放，最终便于政府的环境管理和宏观调控。2016 年 1 月，国家发展改革委办公厅发布了《关于切实做好全国碳排放权交易市场启动重点工作的通知》，旨在协同推进全国碳排放权交易市场建设，启动全国碳排放交

易，实施碳排放权交易制度。同年 9 月，国家发展改革委发布《用能权有偿使用和交易制度试点方案》，选择在浙江省、福建省、河南省、四川省开展用能权有偿使用和交易试点。

（三）完善环境监管体系，实施有效管理

科学有效的环境监管有利于解决环境外部性问题。2016 年 5 月，国务院印发《土壤污染防治行动计划》，对今后一个时期我国土壤污染防治工作做出了全面战略部署，全面提升了我国土壤污染防治工作能力。2016 年 11 月，中央全面深化改革领导小组（今中央全面深化改革委员会）审议通过了《关于划定并严守生态保护红线的若干意见》，强调要统筹考虑自然生态整体性和系统性，划定生态保护红线。2016 年 12 月，国务院印发《"十三五"生态环境保护规划》，提出生态环境质量总体改善目标；中共中央办公厅、国务院办公厅印发了《生态文明建设目标评价考核办法》，建立了生态文明建设目标指标，将其纳入党政领导干部评价考核体系；国务院印发《关于全面推行河长制的意见》，由各级党政主要负责人担任"河长"，统筹负责辖区内河湖的污染治理，落实属地责任，实施源头治理。

（四）政府通过征收环境税、提供补贴等方式促进环境成本（效益）外部性内生化

政府通过征收环境税使环境污染负外部性内生化，通过补贴使正外部性内生化。2016 年 12 月，第十二届全国人民代表大会常务委员会表决通过了《中华人民共和国环境保护税法》，这是落实"推动环境保护费改税"任务、"税收法定原则"制定的第一部推进生态文明建设的单行税法，将排污费制度向环境保护税制平稳转移。同月，财政部、农业部联合印发了《建立以绿色生态为导向的农业补贴制度改革方案》，提出基本建成以绿色生态为导向、促进农业资源合理利用与生态环境保护的农业补贴政策体系和激励约束机制，进一步提高

农业补贴政策的精准性、指向性和实效性。2016 年年底，工信部发布《关于调整新能源汽车推广应用财政补贴政策的通知》，调整、完善补贴政策。

三、强化信息披露，规范绿色标识认证

供需双方信息不对称是市场失灵的原因之一。对于绿色金融市场，规范发行人和行业信息披露，建立有效的统一绿色标准、认证、标识体系等措施对于发挥市场化约束机制、防范市场逆向选择和"漂绿"道德风险，以及树立绿色消费意识、带动绿色投资进而实现绿色金融市场的可持续发展具有重要意义。

（一）规范信息披露、强制性环境信息披露、引入第三方认证机制成为发展趋势

中国人民银行《39 号公告》以及上交所文件《关于开展绿色公司债券试点的通知》，均对绿色债券发行后的信息披露做出了明确要求，包括要求发行人定期披露募集资金使用情况、项目进展和环境效益等内容，并鼓励由独立的专业评估或认证机构出具评估报告，对绿色金融债券支持绿色产业项目发展及其环境效益影响等实施持续跟踪评估。上市公司年度报告内容与格式准则也规定，鼓励上市公司主动披露积极履行社会责任的工作情况，对属于国家环境保护规定的重污染行业的上市公司，还需披露主要污染物达标排放情况、企业环保设施的建设和运行情况、环境污染事故应急预案以及同行业环保参数比较等环境信息。

从世界各地对上市公司环境信息披露的要求来看，英国、法国等采用了强制性环境信息披露要求，欧洲、南非及中国香港等地采取了"不遵循就解释"的半强制性信息披露要求。《关于构建绿色金融体系的指导意见》也明确提出逐步建立和完善上市公司和发债企业强制性环境信息披露制度，加大对虚假披

露环境信息的上市公司和发债企业的惩罚力度，同时鼓励第三方专业机构参与采集、研究和发布企业环境信息与分析报告。监管层对环境信息披露从自愿披露到鼓励到强制性要求已成为发展趋势。

（二）构建统一的绿色产品标准、认证、标识体系

2016年12月，国务院办公厅印发了《关于建立统一的绿色产品标准、认证、标识体系的意见》（以下简称《意见》），要求按照统一目录、统一标准、统一评价、统一标识的方针，将现有环保、节能、节水、循环、低碳、再生、有机等产品整合为绿色产品，构建统一的绿色产品标准、认证、标识体系，实施统一绿色产品评价标准。《意见》指出，在构建统一的绿色产品标准、认证、标识体系的基础上，推进绿色产品信用体系建设，严格落实生产者对产品质量的主体责任、认证实施机构对检测认证结果的连带责任，对严重失信者建立联合惩戒机制，对违法违规行为的责任主体建立黑名单制度。

《意见》与中国人民银行等七部委《关于构建绿色金融体系的指导意见》提出统一绿色债券界定标准、研讨探索绿色债券第三方评估和评级标准、规范第三方认证机构对绿色债券评估的质量等意见相呼应，分别作为实体生产领域与金融服务领域统一绿色认证机制的指导性意见，这两个文件的实施落地，有望实现绿色产品标准与绿色金融标准的对接。《意见》实施的统一绿色产品标准、认证、标识体系可以为金融领域绿色项目标准的界定以及绿色效益的评估提供参考依据。统一的绿色产品标准、认证、标识体系以及在此基础上形成的绿色产品信用体系建设可以有效降低绿色产品的识别成本，加强公众对绿色产品的监督，最终推动绿色项目绿色效益（成本）的内生化并成为绿色金融产品的定价依据，更好地发挥绿色金融的资源配置作用，引导绿色资金投向产业升级和经济结构转型，实现绿色产业和绿色金融的协同发展。

四、产业政策不断加码，驱动技术升级与产业转型

2016 年，国家出台了覆盖林业、节能环保、水利、煤炭、能源等众多领域的一系列"十三五"规划，通过产业规划与政策倾斜，引导市场资源配置，驱动技术升级与产业绿色转型。

（一）能源发展

2016 年 4 月，国家发展改革委、国家能源局组织编制了《能源技术革命创新行动计划（2016—2030 年）》，部署煤炭清洁化开采技术创新，非常规油气和深层、深海油气的开发技术创新，煤炭清洁高效利用技术创新等 15 项重点任务。2016 年 11 月至 12 月，电力、水电、风电、生物质能、煤层气、太阳能等"十三五"规划密集出台，对相应行业领域未来一段时期的发展目标与发展路径做了部署。

（二）污染治理

2016 年 5 月，国家发展改革委和环境保护部发布《清洁生产审核办法》修订版，进一步规范清洁生产审核程序，更好地指导地方和企业开展清洁生产审核。同年 8 月，为推进造纸、印染等 11 个重点污染行业实施清洁生产技术改造，工信部和环保部联合印发《水污染防治重点行业清洁生产技术推行方案》。同月，《"十三五"重点流域水环境综合治理建设规划》印发。2016 年 10 月，环保部出台《民用煤燃烧污染综合治理技术指南（试行）》，提出了"民用煤污染治理应以环境空气质量改善为核心，采取因地制宜、综合治理、多措并举、分步推进的步骤实施"的治理总体思路。2016 年 12 月，环保部发布 2016 年《国家先进污染防治技术目录（VOCs 防治领域）》《铅蓄电池再生及生产污染防治技术政策》和《废电池污染防治技术政策》，为管理部门和用户提供重要的参考。

（三）绿色制造

2016 年 4 月，工信部印发《绿色制造 2016 专项行动实施方案》，旨在加快实施绿色制造工程，全面推行绿色制造，构建绿色制造体系。同月，《工业节能管理办法》和《水效领跑者引领行动实施方案》发布。2016 年 7 月，工信部公布《工业绿色发展规划（2016—2020 年）》，提出到 2020 年，绿色发展理念成为工业全领域、全过程的普遍要求，工业绿色发展推进机制基本形成，绿色制造成为经济增长新引擎和国际竞争新优势，工业绿色发展整体水平显著提升。2016 年 9 月，《绿色制造工程实施指南（2016—2020 年）》正式发布。2016 年 11 月，为加快实施《中国制造 2025》，促进制造业绿色升级，培育制造业竞争新优势，财政部、工信部决定于 2016—2018 年开展绿色制造系统集成工作。同月，《"十三五"国家战略性新兴产业发展规划》发布，节能环保产业被列入其中。

发展绿色金融，其核心就是要发挥金融的资源配置机制，为实体经济提供高效的融资服务，从而推动实体经济发展，最终实现绿色增长。绿色金融对绿色产业发展和传统产业绿色改造的扶持，要始终契合国家发展战略以及国家经济结构升级、经济发展方式转变的政策导向，要满足微观经济主体在不同发展阶段和不同发展水平的需求，将有限的金融资源用于支持清洁能源、节能环保、水资源、气候弹性农业、智能电网、低碳运输体系等绿色经济领域发展，从而提升对绿色经济增长的支持服务能力。国家产业规划和产业扶持政策不仅是围绕落实生态文明体制改革顶层的配套政策，也是中国人民银行、财政部等七部委《关于构建绿色金融体系的指导意见》在实体产业领域的重要配套措施。国家密集出台各个行业领域的规划指南和产业扶持政策，意在通过政策导向引导技术升级和产业转型，最终实现全社会的绿色发展。国家产业规划和扶持政策的落实不仅为绿色资金提供低风险、回报稳定的资产，同时也为绿色金融服务绿色产业提供战略导向，实现绿色金融资本与绿色产业的有效对接，驱动绿色产业与绿色金融的协同发展。

下一步落实顶层设计的相关政策将陆续出台，绿色金融政策体系将进一步完善，绿色金融各参与方的责任将进一步明确，绿色金融市场有望实现规范化发展。随着相关配套政策的细化和落地，绿色评级、认证评估体系的完善，环境压力测试在银行信贷、资产管理、信用评级等领域的不断推进，环境成本（效益）外部性内生化有望逐步实现，"绿色"因素将成为投融资决策中的关键因素，绿色金融将有效发挥其资源配置作用，驱动技术升级和社会经济结构转型，最终实现经济文明和生态文明协同发展。

第五章　绿色金融创新

第一节　绿色金融机构、业务
和产品创新

一、绿色信贷方面

绿色信贷，是指商业银行、政策性银行等金融机构依据国家的环境经济政策和产业政策，对高耗能、高污染的新建项目投资贷款和流动资金进行贷款额度限制并实施惩罚性高利率，而对研发、生产治污设施，从事生态保护与建设、开发和利用新能源，从事循环经济生产和绿色制造以及生态农业的企业或机构提供贷款扶持并实施优惠性低利率的金融政策手段，其目的是引导资金流入促进国家环保事业的企业和机构，并从破坏、污染环境的企业和项目中适当抽离，从而实现资金的"绿色配置"。绿色信贷要求商业银行采取"三重底线"的方法管理其业务，即商业银行开展业务不仅要满足合作伙伴（客户、股东、员工、供货商、社会）的需要，同时还要意识到自身的行为必须对社会以及生态环境负责。国内外金融机构的实践表明，以支持节能减排和防范环境与社会风险为特点的绿色信贷所带来的机构、业务和产品创新可以帮助商业银行在机构改革、业务增长、风险管控和公共关系管理等多个方面获益。国内商业银行应以推行绿色信贷为契机，将支持节能减排与优化信贷结构、实现业务增长结合起来，实现企业社会责任与经济利益的统一。

（一）国内外绿色信贷的发展情况

1.国外绿色信贷的发展情况

1992 年，在联合国环境与发展大会上，联合国环境署发布了《银行界关于环境与可持续发展的声明》，标志着联合国环境署金融倡议机构领导新运动的开始。此后，专业化金融机构在实施环境评估时所使用的环境影响评估政策和程序发生了显著的变化。世界银行和其他多边金融机构（如亚洲开发银行、泛美开发银行、非洲开发银行等）以及为数众多的双边金融机构都有自己的政策，来阐明向公共或私有部门的项目提供贷款时，如何将环境问题纳入考量。

2002 年 10 月，国际金融公司就制定控制环境和社会风险的通用框架的必要性与 4 家国际银行进行了初步讨论，此后国际金融公司与这 4 家银行合作，向感兴趣的银行说明国际金融公司在实施系统化风险管理方面的丰富经验以及实行此种管理所带来的益处。2003 年 6 月，10 家银行首次宣布实行"赤道原则"，该原则将国际金融公司和世界银行集团的政策和指导原则纳入其中，建立了一个应对项目融资中环境和社会风险的管理框架。"赤道原则"是一项针对项目融资的自愿性行业倡议计划，要求银行在提供资金支持之前，对项目进行社会和环境评估，并将此作为管理风险的一种途径。同时，发达国家和发展中国家市场中的银行对向高能效和可再生能源项目提供融资支持的兴趣也与日俱增，并开始参与碳融资，共同应对气候变化。赤道原则出台后的第一年内，实行该原则的银行数目增至 30 家，截至 2007 年 3 月为 50 家，截至 2009 年 10 月为 68 家。

赤道原则为实行赤道原则的金融机构创造了一个内部和外部的参与平台，使银行与银行内部员工和管理层的关系、银行与客户和其他银行机构的关系以及银行与外部利益相关者（不限于非政府组织）的关系更为融洽。赤道原则令管理环境和社会问题的系统化手段成为必需，这种系统化手段帮助它们更好地进行风险管理，促进良性竞争，并加强了实行赤道原则的金融机构之间的紧密合作。通过环境和社会审慎评估向客户提出一致性要求，与其共同承担审慎评估责任，从而提升工作效率。赤道原则使这些银行不再局限于项目融资，一些机构已利用赤道原则推出了绿色金融产品，如绿色信用卡以及温室气体削减服务等，还有一些机构开展了小额信贷、小额保险以及社区和低收入银行业务。

2006年，世界银行集团的私营部门职能机构国际金融公司，针对新兴市场的私营部门项目的借贷和股权投资活动出台了《社会和环境可持续性绩效标准》（简称《绩效标准》）。其他著名的绿色信贷的规定有巴西的《佛德议定书》（1995）、美国的《综合环境应对、补偿与责任法》。

2.国内绿色信贷的发展情况

1993年6月，国家环境保护局（今生态环境部）、财政部、国家计委（今国家发展和改革委员会）、中国人民银行发布了《关于加强国际金融组织贷款建设项目环境影响评价管理工作的通知》。1995年2月初，中国人民银行发布了《关于贯彻信贷政策与加强环境保护工作有关问题的通知》。2004年4月，发改委、人民银行、中国银行业监督管理委员会联合发布了《关于进一步加强产业政策和信贷政策协调配合控制信贷风险有关问题的通知》。2005年，中国人民银行与国家环境保护总局（今生态环境部）建立了将环境执法信息纳入征信管理系统的合作机制。这一阶段由于环保部门和银行业对绿色信贷政策的需求不足，缺乏促进政策执行的内在动力，约束机制不强、信息沟通不畅。

2006年以来，国家环境保护总局和银监会、人民银行等部门共同开展了绿色信贷的政策调研。2007年6月，中国人民银行发布了《关于改进和加强节能环保领域金融服务工作的指导意见》。2007年7月，国家环境保护总局会同中国人民银行、中国银行业监督管理委员会联合发布了《关于落实环保政策法规防范信贷风险的意见》。2007年11月，中国银监局制定了《节能减排授信工作指导意见》。这些文件强调加强环保和信贷管理工作的协调配合，强化环境监督管理，希望银行金融机构把调整和优化信贷结构与国家经济结构紧密结合，有效防范信贷风险。

2009年以来，绿色信贷政策在我国取得了较快发展，金融主管部门更加重视环保在信贷中的重要作用，发布了一系列文件，对银行业金融机构提出了开展绿色信贷、促进节能减排和环境保护的明确要求。为贯彻绿色信贷政策，环境保护部、中国人民银行和银监会（今国家金融监管总局）展开密切合作，同时得到包括国际金融公司和赤道原则金融机构在内的国际社会的支持。地方积极结合当地特色，开展信贷试点。据不完全统计，已有 20 多个省份的环保部门与所在地的银行部门联合出台了有关绿色信贷的实施方案和具体细则，将企业环境行为表现评价结果与实施绿色信贷政策相结合，创新绿色信贷政策。地方借贷的变化表明，绿色信贷政策在地方层面得到了积极回应。

近年来，银行业金融机构以绿色信贷为抓手，创新信贷产品，调整信贷结构，取得了初步成效，积极支持节能减排和环境保护，将支持节能减排和环境保护作为自身经营战略的重要组成部分，建立了有效的绿色信贷促进机制和较为完善的环境、社会风险管理制度，制定了相应的绿色信贷政策和实施办法，落实国家绿色信贷政策，逐步减少或退出"两高一剩"（高污染、高能耗、产能过剩）和落后产能的信贷投放，逐步增加对节能环保项目的支持。2008 年 10 月，兴业银行宣布采用赤道原则，成为中国首家实行赤道原则的金融机构，此后该行着重建设自身的环境和社会管理系统，并成立了专门的"可持续发展部"来贯彻赤道原则。

总的来讲，我国绿色信贷存在信息共享披露机制不足、信贷标准过于原则化等问题。

（二）相关环境经济综合评估

1.赤道原则的环境和社会评估

（1）赤道原则的内容和结构

赤道原则的结构比较简单，包括序言、适用范围、原则声明和免责声明四部分。其中，序言部分对赤道原则出台的动因、目的和采用赤道原则的意义做了简要说明；适用范围部分规定赤道原则适用于全球各行业项目资金总成本超过 1 000 万美元的所有新项目融资和因扩充、改建对环境或社会造成重大影响的原有项目；原则声明是赤道原则的核心部分，列举了采用赤道原则的金融机构做出投资决策时须依据的十条特别条款和原则，赤道银行承诺仅会为符合条件的项目提供贷款。

第一条规定了项目分类标准，即基于国际金融公司的环境和社会筛选准则，根据项目潜在影响和风险程度将项目分为 A 类、B 类或 C 类（即分别具有高、中、低级别的环境或社会风险）。

第二条规定了对 A 类和 B 类项目进行社会和环境评估及给出的评估报告应包含的主要内容。

第三条规定了适用的社会和环境标准，对位于非 OECD（Organization for Economic Cooperation and Development，经济合作与发展组织）国家或非高收入 OECD 国家的项目，除遵守所在国的法律外，必须满足国际金融公司的《绩效标准》和按行业细分的《环境、健康和安全指引》。

第四条规定针对分类时发现的环境和社会问题，借款人要制定以减轻和监控环境社会风险为内容的行动计划和环境管理方案。

第五条和第六条规定了借款人应当建立公开征询意见和信息披露制度，并建立投诉机制以征求当地受影响的利益相关方的意见。

第七条规定对 A 类项目和 B 类项目（如适用）有关的环境评估报告等文件，应由独立的社会和环境专家审查。

第八条规定了借款人必须在融资文件中承诺的事项，包括承诺遵守东道国社会和环境方面的所有法律法规、在项目建设和运行周期内遵守行动计划要求以及定期向贷款银行提交项目报告等。

第九条规定了独立监测和报告制度，即贷款期间赤道银行应聘请或要求借款人聘请独立的社会和环境专家来核实项目监测信息。

第十条规定赤道银行每年应向公众披露其实施赤道原则的过程和经验。最后，免责声明部分规定了赤道原则的法律效力，即赤道银行自愿实施赤道原则。

在赤道原则实施过程中，赤道银行在履行尽职调查义务时应重点审查：项目分类的准确性，借款人提交的环境与社会影响评估报告是否全面、是否客观，借款人制订的行动计划和社会与环境管理机制是否科学、是否切实可行，借款人与受影响社区的磋商活动是否属于透明的、知情的、事先的磋商，借款人是否建立了合理的投诉机制，贷款协议在形式和实质方面是否与行动计划和（或）当地法律保持一致。履行尽职调查义务是一个动态的过程，它贯穿于整个项目运营过程中。

（2）环境和社会评估标准

在绿色信贷实践中，赤道原则虽不具备法律效力，但却成为国际上金融机构事实上的行业准则。它是旨在管理和发展与项目融资有关的社会和环境问题的一套自愿性原则。根据赤道原则，贷款项目的环境及社会评估应针对以下项目进行：

第一，社会及环境条件基准评估。

第二，更符合环保及社会责任的可行替代方案的考虑。

第三，东道国法律法规和适用的国际协定及协议的要求。

第四，人权和社会健康、安全及保障的保护（包括风险、影响及保障个人使用项目安全的管理）。

第五，文化遗产的保护。

第六，生物多样性的保护（包括变更自然或重要居住地或法定保护区域内的濒危物种生态系统）。

第七，可再生自然资源的可持续管理和使用（包括通过恰当的独立认证体系认证的可持续资源管理）。

第八，危险物质的使用和管理。

第九，重大灾害评估与管理。

第十，劳工问题（包括四项核心劳工标准）、职业健康和安全。

第十一，防火与生命安全，社会经济影响，土地的取得和非自愿安置。

第十二，对社区和弱势群体的影响，对原住民及其特有文化体系和价值观的影响。

第十三，现有项目、建议项目及未来预期项目累计影响。

第十四，项目设计、评估及执行中受影响方的协商和参与。

第十五，能源的有效生产、运输及使用，污染预防、减废、污染控制、废弃物的处理。

通常赤道原则及其银行只公开环境评估的原则性文件，国内银行若要遵照赤道原则开展绿色信贷则要拥有自己的环境评估标准。赤道原则允许实施该原则的金融机构根据所在国实际情况和自身经营实力，制定适当偏离赤道原则的项目融资社会与环境准入标准和管理机制。我国商业银行应在国内法律法规和社会文化背景下，因地制宜、因时制宜、尽力而为。我国商业银行一方面要积极向生态环境部、国际金融公司及其他赤道原则金融机构学习，紧密结合生态环境部、人民银行、金融监管总局的绿色信贷政策，调整业务操作办法；另一方面要认真学习和对比国内外标准，区别不同情况制订具体的赤道原则实施方案。例如，《环境、健康和安全指南》提出了 63 个行业的环境技术参考标准，其中一些指标与国内相关指标要求一致或低于国内指标要求，具体实施这些指标并不困难，而对于另一些高于国内相关要求的指标，在具体实施时应能够提出合理化解释，说明暂时无法落实的客观约束条件，对于少数民族、土著居民等定性指标，由于存在文化差异，可以按照国内法律法规和风俗习惯进行处理。

（3）银行信贷项目环境风险评估

赤道原则目前是商业银行规避环境与社会风险的最佳行业惯例，实行赤道原则可以促进国内银行加强全面风险管理。银行信贷项目的环境风险是指项目投资的污染和环境破坏行为可能促使政府、公众和非政府组织排斥、抵制、限制甚至废止该项目，进而给作为资金供给方的银行带来贷款难以收回、承担连带责任和声誉损害等风险。银行信贷项目的环境风险通常包括：

一是直接风险，指的是银行因清理被其借款人污染的土地所承受的直接法律责任，如借款人破产。

二是间接风险，反映了借款人的环境负债可能影响其偿付贷款能力而造成的风险。

三是名誉风险，反映的是银行因与环境问题投资关联而遭受的名誉损失。

（4）指标体系评估法

赤道原则有助于银行环境及社会风险识别、环境与社会风险评估、环境风险控制及转移、环境风险检测，从而管理和控制环境风险。我国商业银行现阶段正处于绿色信贷环境风险管理四个阶段（抵御阶段、预防阶段、参与阶段和可持续发展阶段）的初级抵御阶段，须建立环境风险管理机制，并开发环境风险评估工具。符淼、谭小波根据赤道原则开发了一套信贷项目的环境风险评估指标体系，根据该指标体系通过问卷调查和层次分析法确定四大国有银行、中型银行、小型银行和外资银行共四类商业银行的指标权重，建立起符合它们各自风险偏好的环境风险评估模型。

调查发现：四大国有银行以及中型银行的自然环境因素指标的权重大于小型银行；小型银行更注重信贷项目法规政策的合规性等社会环境因素；非外资银行的社会环境因素指标的权重都不同程度地大于自然环境因素指标；非外资银行整体上对污染物排放以及资源与能源消耗指标的重视程度较高；外资银行在自然环境因素指标权重分配方面比较均衡，且在社会环境因素指标中，分给社区健康与安全、工作环境、社区交流指标的权重比政策与法规指标更大。

（5）投资评价法

绿色信贷项目所包含的风险可以通过敏感性分析、方案评价法和决策树或蒙特卡罗模拟模型等进行评价。

第一，敏感性分析。通过研究投资项目的产品售价、产量、经营成本、投资、建设期、汇率、物价上涨指数等发生变化时，投资项目的经济效益评价指标如内含报酬率、净现值等指标的预期值发生变化的程度。

第二，方案评价法。一般包括三个步骤：首先，根据成本效益、决策相关性和环境影响等提出备选方案，通过画出流程图，确认主要的环境问题，再制订方案，选出最可行的方案以供进一步评价；其次，对方案进行排序，先量化或货币化各个方案的经济和环境影响，包括经营和投资成本，然后将方案按照相对权重和各自的成本效益的重要性排序；最后，设立目标，确定相关的资源和责任，并选取相对有利的备选方案。

第三，决策树或蒙特卡罗模拟模型。当环境法规发生变化时，环境风险就会发生变化。对于可以确定概率范围的投资方案，可以利用决策树或蒙特卡罗模拟模型进行评价。决策树分析采用形象化的决策树图形，把各方案可能出现的状态、概率以及产生的后果直接标在图形上，以供决策分析并做出选择。而蒙特卡罗分析则通过计算机反复模拟不确定因素的随机变化，找出其基本的变化规律，并根据这一规律计算出项目的经济效益指标及其概率分布，据此判断项目的效益并决定取舍。也可将蒙特卡罗模拟模型与决策树分析结合使用，对于决策树上的各种不确定因素，通过计算机利用概率分布随机选样，并判断如何沿着决策树继续运行，从而对决策树上的所有可能事项进行反复模拟来寻求经济效益指标的期望值。例如，当存在不同技术方案时，计算机将确定不同技术的可能成本的概率分布，并选择成本最低的方案。

2.企业环境会计信息系统

绿色信贷的相关利益关系人通过制定准则或规定、社会监管等来约束企业提供财务信息与生态信息的内容，主要有环境活动导致的环境成本的构成、确认，环境资产及其减值、环境负债的确认与计量，投资项目的评价、环境问题对经营业绩的影响，实物生态会计等。投资项目评价前文有述，以下针对其他几方面给予阐述。

（1）环境活动导致的环境成本的构成和确认

环境成本是企业因预防和治理环境污染而发生的各种费用支出，以及由此而承担的各种损失，如罚款。

环境成本的构成如下：

第一，预防性环境成本。企业为了预防与生产经营活动有关的环境问题而发生的成本，包括：以绿色原材料替代原有原材料的成本；采用环保生产工艺替代原有生产工艺的成本；采用绿色包装物替代原有包装物的成本；环保产品和环保技术的开发成本；环保设备设施的折旧费、维修费；其他环境污染预防资产的摊销费；与此有关的管理费用支出；等等。

第二，治理性环境成本。企业为了治理由生产经营活动造成的环境污染而发生的成本，包括：为减少和消除废气、废水、固体废弃物的排放而发生的成本；为消除生产场地的噪声、辐射而发生的成本；为消除生产场地的土壤和地下水污染而发生的成本污染治理设备设施的折旧费、维修费；其他环境资产的摊销费；与污染治理有关的管理费用支出；等等。

第三，废弃物回收再利用成本。企业对生产经营过程中产生的废弃物，以及使用后废弃的产品和包装物进行回收再利用而发生的成本，包括：废弃物的回收成本；废弃物的分拣成本；废弃物的处理和再利用成本；与此有关的管理费用支出；等等。

第四，环境损失。企业承受的各类与环境保护有关的损失，包括：企业因污染环境而向消费者、所在地区居民或社会其他方面支付的损害赔偿费；向政府有关环保机构缴纳的环境罚款；与环境污染有关的诉讼费；等等。

环境成本应当在首次识别的时候按照实际发生额加以确认，并正确区分收益性支出、资本性支出与营业外支出。如果属于正常生产经营的环境成本符合资产的确认标准，就应将环境成本资本化，并在当期及以后各受益期进行摊销，否则，应作为费用计入当期损益。属于损失性质的环境成本应计入营业外支出。为单独在财务报表中反映环境成本，可在有关项目下单独列示环境支出，这就需要会计人员在日常财务和成本核算中，在有关科目下设置环境成本明细科目。

（2）环境资产及其减值、环境负债的确认与计量

环境资产是由于过去的交易或事项而为企业所拥有的能使经济利益预期流入企业的资源，包括但不限于：没有污染或是降低污染的新型设备，有助于减少污染或专门治理污染的新型专利和技术，排污许可证，矿产、海域、土地等资源的开采和使用权，等等。环境问题对企业资产的影响体现在资产项目增加和资产价值减损两个方面。根据联合国的《环境成本和负债的会计与财务报告》，假如环境成本与企业今后将要以下列方式取得的经济利益有直接或间接联系，应予以资本化：一是提高企业拥有的其他资产的能力或者改进其安全状况或提高其效率；二是减少或防止可能由今后的经营活动所产生的环境污染；三是保护环境。

环境负债是企业发生的，符合负债确认标准的，并与环境成本相关的修复由过去交易造成的环境破坏的未来支出，或给遭受破坏的第三方的赔偿款。联合国《环境成本和负债的会计与财务报告》指出：如果企业有支付环境费用的义务，则应将其确认为负债；确认环境负债时，不一定要有法律上的强制性义务，有可能在不存在法定义务时，企业负有推定义务或在法律义务基础上的推定义务。如企业把按照法律规定的标准清除污染作为其既定政策，企业管理部门因此必须做出负担有关环境费用的承诺，这样就形成了环境负债，企业不能因管理部门日后不能履行承诺就不确认负债。在估计环境负债时应考虑的关键因素包括：当前的法律规定，监管涉及的程度，涉及团体的数量和生存性，以前的法律、经济、政治和科学经验，问题的复杂性、现有技术和可获得的技术经验。计量方法有现值法、现行成本法、预期支出计提准备等。

（3）环境问题对经营业绩的影响

环境问题对经营业绩的影响包括以下两个方面：

第一，环境费用。联合国《环境成本和负债的会计与财务报告》指出，许多环境成本并不会在未来带来经济利益，或者与未来经济利益没有足够密切的关系，因而不能将其资本化，而应作为费用计入当期损益。这些成本包括废弃物处理、与当期经营活动有关的清理成本、清除前期活动引起的损害、持续的环境管理、环境审计成本，以及因不遵守环境法规而导致的罚款和因环境损害而给予第三方的赔偿等。环境会计要求企业正确核算环境费用，把由环境导致的支出作为单独的类别从其他支出中分离出来，将其单独披露，这样可使投资者和其他财务利益关系人清晰地了解一个企业的经营业绩以及将来的机遇和问题，从而使由环境导致的财务风险透明化。有些税收制度规定一些环境导致的成本可享受税款免除、税款扣除或税收豁免，从而环境费用核算会影响到企业纳税。为了向投资者提供更有用的信息，企业不仅需要将环境费用与其他费用加以区分，而且应将环境费用划分为为了改善企业的环境记录发生的支出和因为违反环境法规而发生的支出。其中，为了改善企业的环境记录发生的支出可进一步划分为环境破坏的修理、减少和预防三个方面的支出。

第二，环境业绩。目前，在世界各国的环境会计实务中，一般不在财务报表中对环境收益单独列示和反映，而是将其作为环境业绩指标的组成部分，在环境报告书中进行披露。环境业绩是在企业经营活动中，由于保护环境和治理环境污染而取得的环境保护的效率和效果。环境业绩指标可被用来衡量企业资源耗费的效率与效果，是能使人们从环境的角度对企业资源消耗的效果与效率进行评价的定量和定性信息。世界各国和国际的一些会计机构、环保组织和政府机构提出了一些有关环境业绩指标的指南或指导性意见，供各国企业在环境会计实务中参考和使用。联合国国际会计和报告准则政府间专家工作组推荐了5个生态效率指标，用以预测环境问题对未来财务业绩的影响，这是5个全球公认的环境问题及其相应的环境业绩指标与最适当的财务指标的结合。环境业绩高表示该企业的经营毛利高、未来投资压力低以及较低的未来投资和较高的利润，从而将影响未来自由现金流量，对股东价值产生积极贡献。

（4）实物生态会计

生态会计是许多公司向监管机构呈报排污检测报告的基础，其主要任务包括：通过采用诸如千克或焦耳或更普遍的实物单位，对企业活动产生的所有环境影响进行记录、跟踪、追溯和分配，并将这些环境影响直接追溯或间接分配到导致环境影响的各个层次的生产地点和产品上；计算环境影响增量和评价环境影响的相对严重性，这个过程需要采取定量或定性的技术手段对相关资源和排放的污染物的生态影响与结果进行分类、辨别和评价。和宏观环境经济核算一样，生态会计的对象分为两部分：①某一特定时点的生态资产存量，反映了用各种实物单位计量的生态价值，前者通常列示在生态资产表中；②某一特定时期生态存量的变化，即流量，通常反映在环境影响增量表中。

（三）绿色信贷创新

在环境经济综合核算的基础上，银行的创新战略管理可以沿着"循数"管理的轨道高速前进。下面结合兴业银行等商业银行的案例，说明银行如何开展机构、业务和产品创新。

1.机构创新

我国商业银行面临着利率市场化、产品服务同质化、风险管理体系不清晰等重大挑战。那么，应该如何对银行机构的商务模式进行调整和创新，以适应当前经济金融发展趋势就成为一个重要课题。应将绿色理念融入银行商务模式，重新审视和改造传统的银行商务模式，这样才能为银行开辟一条更广阔的发展路径。

兴业银行在实现公开上市后，在全球应对气候变暖等环境问题的大背景下，提出"寓义于利"的社会责任实践方式，探索以商业模式创新履行社会责任，确立了可持续发展的治理理念。2006 年，兴业银行抓住与国际金融公司合作开展能效融资项目的契机正式介入节能减排项目贷款领域。2008 年 10 月，兴业银行正式对外承诺采纳赤道原则，成为全球第 63 家、国内首家"赤道银行"，此后开始为期一年的制度体系与内部能力建设的过渡期。兴业银行利用一年的有效缓冲期，逐步构建起较为完整的赤道原则制度体系，建立了包括基本制度、管理办法、操作流程及一系列操作工具在内的赤道原则实施体系，开发环境与社会风险管理模块，将赤道原则要求纳入全面合规管理系统，并积极加强内部培训，建立环境与社会风险专家库，树立内部"绿色"理念并提升操作能力。此外，还加强国际合作，与花旗银行、瑞穗银行、巴克莱银行等国际赤道银行展开密切交流与学习，在软硬件两方面为赤道原则项目的落地打下了坚实的基础。

2009 年 1 月，兴业银行在北京成立可持续金融中心，这是当时国内商业银行唯一的可持续金融专营机构，专门负责全行碳金融、能效金融、绿色金融的经营、管理和营销统筹工作。该中心创新性地下设了项目融资团队、碳金融团队、技术服务团队和研究团队四个业务团队，创建了技术支持、产品创设、资产管理、业务合作、交易服务五大平台，业务覆盖能效、新能源、可再生能源等六大领域，并针对不同客户群体和项目类型推出"7＋1"融资模式。因此，这个专业机构的设立，使兴业银行能集中资源更有效地发展绿色信贷，开展金融创新，规避项目风险，提供可持续发展业务。

兴业银行前董事长高建平认为，商业银行作为特殊的公众企业，既依赖于股东资本投入，也得益于客户、员工和其他利益相关方对银行的支持。在这个意义上，商业银行的行业特性更是要求其主动把对经济、社会和环境和谐统一的追求纳入自身发展目标，真诚推动与各利益相关方共同的可持续发展。第一，银行要以股东的稳定回报为责任，悉心经营股东投资，以价值增长满足股东的根本利益要求；第二，要以服务客户为宗旨，正确把握客户需求及其变化，竭尽所能帮助客户实现价值增长，帮助客户可持续发展；第三，在员工层面上，不仅要提供员工的基本劳动报酬，而且应以员工成长为己任，尊重员工及其贡献，始终致力于提升员工成就感，帮助员工实现成长；第四，绿色理念意味着银行要树立良好的竞争合作观念，这种竞争不是两败俱伤，更不是你死我活，而是要实现竞争基础上的共赢；第五，绿色理念还意味着银行要守法合规和遵从最高商业道德，关注社会公益事业，促进社会和谐。兴业银行提出有目的、有计划地主动承担对员工、对消费者和对社区的社会责任，并且将其纳入自身的经营发展战略，支持自己的经营发展目标，从而充分发挥自身的专业优势和特定资源优势，更好地服务于社会，并借此打造软竞争力，提升竞争优势。兴业银行提出"寓义于利"的社会责任履行方式，将社会责任与银行自身业务相结合，落实到银行经营管理的具体环节中，并且在履行社会责任中寻找商机，探求一种可持续发展的银行与社会共赢的商务模式和社会责任实践模式，由此形成了其绿色理念的价值实现的内在逻辑。

兴业银行的可持续发展理念不限于绿色信贷，而是贯穿于银行经营的方方面面，从公司治理、风险管控，到信贷审批、供应链管理、人力资源管理、办公行政等各个经营环节，由此就形成了兴业银行绿色理念的价值主张。

在组织结构层面上，兴业银行构建了相应的组织框架，形成有效的分工配合机制，将所有与可持续发展相关的管理和业务部门都纳入该体系。其中，董事会负责决定环境与社会风险管理战略、发展方向和计划；高级管理层根据董事会授权及要求，统筹负责环境与社会政策的制定，并负责审批环境与社会相关目标、指标和方案；信用业务相关部门依据环境与社会风险管理政策等相关规范，具体履行环境与社会责任。同时，兴业银行还成立赤道原则工作领导小组，负责赤道原则工作的统一领导。

在制度建设层面上，兴业银行制定了《环境与社会风险管理政策》，为实施赤道原则提供政策指引。兴业银行全面梳理项目融资制度体系，包括建立项目风险分类标准、筛选赤道原则试行行业、制定试行行业实施细则、制定尽职管理指引、建立专家评审机制、完善项目名单制管理等，并紧密保持同监管机构、国内同业、赤道原则金融机构等的工作联系与经验交流。

在信贷流程操作层面上，兴业银行提高流程合规性与可操作性，包括对适用赤道原则的项目融资增加环境与社会风险审查环节，加强贷后监测以控制风险，将适用赤道原则的项目融资贷后环境与社会风险监测情况纳入风险提示，并依此酌情调整项目信用业务风险分类和借款人信用评级等。

兴业银行还通过报告制度，披露赤道原则相关实施情况，接受第三方的认证，接受非政府组织的监管，由此构建出整套内部实施体系。

2.业务创新

绿色信贷给银行信贷业务流程带来的最大改变是严格的绿色信贷分类、审批和评估机制。

商业银行一般按照图5-1所示的流程开展信贷业务流程的创新。我国各商业银行在国家产业政策和环保政策指导下实施信贷市场准入机制。首先，对现有客户进行分类管理，把是否积极履行国家环保政策、是否获得环境保护良好等级作为衡量是否给予信贷支持的标准，将企业客户分成环境友好型、环保合法型、环保关注型、环保潜在风险型和环保违法型。其次，逐户排查环境违法企业，对包括企业环评报告书中的披露信息、环保部门对其的评级以及公众对其的认可度等主要内容进行调查。最后，加大力度限制污染企业的贷款，防范污染企业出现污染行为而引发的各类风险。

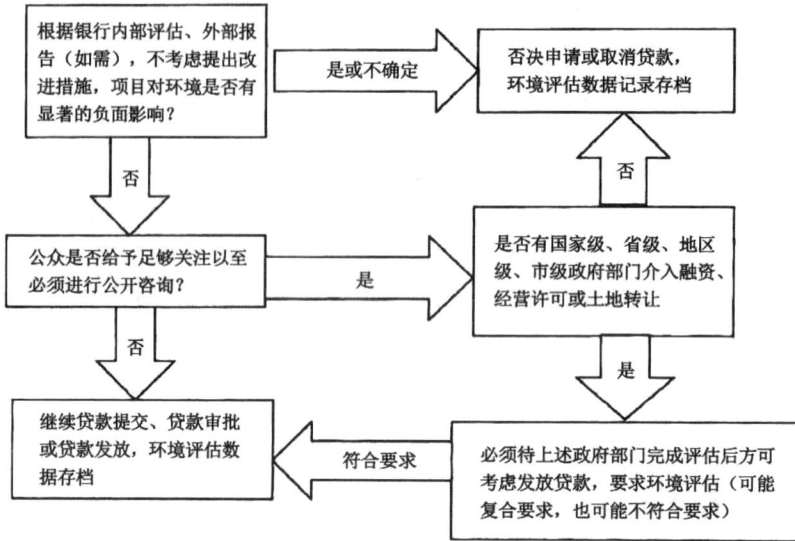

图 5-1 业务流程图

（1）银行示例

几家银行宣布已落实好用来处理其绿色信贷政策实施的各项内部系统、政策、流程、数据库或工具。

兴业银行按照细分领域，制定技术准入标准，形成了绿色金融信用准入标准；以科学严谨的态度将行业理解和业务知识提炼、升华，逐一标准化，建立了绿色金融认证体系；对每笔绿色金融项目实现了逐笔认证，并开展了"可测量、可报告、可核查"的环境效益测算；完善了信贷管理系统，在系统中显著标示每一笔经过绿色金融认证的绿色信贷，对绿色金融业务进行统一管理和分析。

工商银行建立了一个关于客户环境风险的专用数据库。2008 年以来，在借鉴赤道原则和国际金融公司绩效标准与指南的基础上，工商银行不断完善公司贷款绿色信贷分类标准并据此对全部公司法人客户环保风险进行全面分类和管理，建立了覆盖全行的绿色信贷风险监控体系。将企业环保信息纳入信贷综合管理系统（CM2002）是工商银行的一大特色。CM2002 实现了信贷业务数据的大集中、数据信息的电子化和操作全流程的电子化，构建起覆盖全行所有分支机构的信贷业务操作平台，真正实现了信贷业务的集中管理与控制。身在北京总行的信贷专家可以通过计算机系统实时查看远在海南三亚的分支机构发放的任意一笔贷款，对于贷款受理和审批中的每一个细节进行审查，并及时进行决策。这套系统将信贷业务的前期调查、复查复核、审查审批、贷款发放、贷后管理、业务分析、档案管理等环节设为标准化程序，实现了信贷业务操作流程的全程电子化控制和全行集中统一管理。对于信贷政策和风险管理的各项要求则可以通过设定系统参数的方式进行硬控制，将信贷管理由事后管理为主向事前预警、事中控制、事后监督的全过程管理转变。

交通银行根据客户及其项目的环境影响将客户分为三大类（红色、黄色、绿色）和七小类（即 7 个标识），还编制了以外部环保检查评价信息为主要参考依据的《环保标识分类标准操作手册》。交通银行改进了其信贷管理系统，该系统不仅能记载绿色信贷分类判断过程及参考依据，同时还能实时监控反映所有授信客户的环保信息。

（2）绿色信贷业务流程创新的建议

近年来，在海内外投融资过程中，国内银行贷款企业或项目存在较多的争议，说明绿色信贷政策与措施并没有得到真正的落实，有"飘绿"的嫌疑。有鉴于此，下面按照赤道原则的精神，提出几条切实开展绿色信贷业务流程创新的建议。

第一，推进机构内可持续金融理念的认识转变。改变赤道原则限制发展和盈利的观念，理解赤道原则作为引领银行可持续发展、有效管理环境风险的方式，可以实实在在地帮银行和客户解决问题，认识赤道原则的营销意义。通过加强系统培训等内部能力建设，包括针对各岗位开展多层次、多角度、全方位的内部培训，并逐步形成长效培训机制，出版行内专刊，发表理论研究文章，并编写指导性读物，以多种方式开展理念和文化宣贯。

第二，提升客户对赤道原则、环境与社会风险管理的认知度。召集客户展开赤道原则专题研讨，普及赤道原则在帮助借款人管理环境和社会风险方面的作用，介绍国内外跨国企业环境与社会风险管理的成功经验；同时，走访客户项目现场，了解项目环境与社会绩效情况，普及赤道原则知识，尤其向客户正确宣传赤道原则是帮助其提升项目环境与社会风险管理能力方面的理念、工具与方法。

第三，帮助客户系统化环境管理。不少企业目前所做的与赤道原则的要求相差并不太远，只不过没有系统化，赤道原则能够帮助其消除涉及污染、生物多样性、土地拆迁、遗产保护、员工权益等的潜在风险点，让项目真正实现可持续发展。

第四，符合中国国情的创新。根据客户对资金成本和时间成本的不同偏好，设计不同的环境与社会风险审查流程，由客户根据自己的实际情况去做选择，既符合赤道原则的宗旨，也使赤道原则更有亲和度，易于被客户接受。

第五，严格绿色信贷的评价考核。提高绿色信贷制度的执行力，建立健全一套对各分支机构绿色信贷业绩进行科学评价的办法和指标，并将其纳入各行风险管理绩效评价体系。

3.产品创新

国外发达国家的银行业在金融产品的创新和研发上不遗余力，拥有较为完善的绿色信贷产品体系，如表 5-1 所示。我国银行业应根据国家绿色信贷政策的指导意见，学习国外先进经验，结合各行的具体情况，推出适合自身发展的绿色信贷产品，重点开发提高能源利用效率、清洁的绿色信贷产品，包括可再生能源、清洁能源等，同时积极推进绿色信贷产品的资产证券化。绿色信贷产品应在原有信贷产品的基础上融入环境和社会责任理念，在考虑经济效益的同时兼顾社会效益。

表 5-1　国外绿色信贷产品示例

绿色信贷产品	产品介绍
项目融资	对绿色项目给予贷款优惠，如爱尔兰银行融资"转废为能"项目，只需与当地政府签订废物处理合同并承诺支持合同范围内废物的处理，就给予长达 25 年的贷款支持
绿色信用卡	荷兰拉博银行推出的气候信用卡，该银行每年按信用卡购买能源密集型产品和服务的金额捐献一定的比例给世界自然基金会；英国巴克莱银行的信用卡，向该卡用户购买绿色产品和服务时提供折扣及较低的借款利率，信用卡利润的 50% 用于世界范围内的碳减排项目
运输贷款	美洲银行的小企业管理快速贷款，以快速审批流程，向货车公司提供无抵押兼优惠条款，支持其投资节油技术，帮助其购买节油率达 15% 的 Smart Way 升级套装
汽车贷款	温哥华城市银行的清洁空气汽车贷款，向所有低排放的车型提供优惠利率；澳大利亚 MECU 银行的 Gogreen 汽车贷款，是世界公认的成功的绿色金融产品，也是澳大利亚第一个要求贷款者种树以吸收私家汽车排放二氧化碳的贷款，自此项贷款产品推出以来，该银行的车贷增长了 45%
商业建筑贷款	美国新资源银行向绿色项目中商业或多用居住单位提供 0.125% 的贷款折扣优惠；美国富国银行为 LEED 认证的节能商业建筑物提供第一抵押贷款和再融资，开发商不必为"绿色"商业建筑物支付初始的保险费
房屋净值贷款	花旗集团与夏普电气公司签订联合营销协议，向购置民用太阳能技术的客户提供便捷的融资；美洲银行则是根据环保房屋净值贷款申请人使用 VISA（维萨）卡消费金额，按一定比例捐献给环保非政府组织
住房抵押贷款	花旗集团于 2004 年针对中低收入顾客推出的结构化节能抵押产品将省电等节能指标纳入贷款申请人的信用评级体系；英国联合金融服务社自 2000 年推出生态住户贷款以来，每年为所有房屋购买交易提供免费家用能源评估及二氧化碳抵消服务，仅 2005 年就成功抵消了 5 万吨二氧化碳排放

　　值得一提的是兴业银行的绿色信贷产品创新，兴业银行在深入分析节能减排产业链布局的基础上，综合运用信贷和非信贷方式，打造出节能减排全产业链的"8＋1"融资模式：节能减排技改项目融资模式、CDM（清洁发展机制）

项目融资模式、EMC（节能服务商）融资模式、节能减排设备供应商买方信贷融资模式、节能减排设备制造商增产融资模式、公用事业服务商融资模式、融资租赁模式、排污权抵押融资模式，以及非信贷融资模式的融资租赁和信托模式。下面以深圳市某实业有限公司为例说明兴业银行 EMC 融资模式的绿色信贷产品创新及其带来多方共赢的效果。

深圳市某实业有限公司专业从事节能产品研发、产销和能源管理等服务。该公司拟为某四星级酒店提供热水节能改造服务。项目方案中由该公司向酒店提供节能技术改造服务，包括节能减排设备的选择和采购，酒店将在合同期内与该公司进行节能效益分享。企业面临的困难及需求包括：项目建设资金不足，资产规模小，符合抵押、担保条件的资产不足。兴业银行解决方案如下：兴业银行通过对项目技术和酒店综合实力的审核，提出了项目现金流监控方案，监督节能改造项目节能分享收益汇入本行指定账户监管，以此为企业发放了匹配项目现金流结构的 2 年期项目贷款。环境效益为年节约标准煤 160 t，减排二氧化碳 440 t。

节能服务商作为融资主体，对终端用户进行能源审计并向兴业银行提出融资申请，兴业银行根据对项目技术和企业综合实力的审核，设计融资方案、提供融资服务。节能服务商为项目企业提供节能技术改造服务，包括节能减排设备的选择和采购，项目企业无须出资，只需将合同期内的部分节能效益与节能服务商进行分享。

该项目实现了多方共赢：

（1）兴业银行方面：第一，省成本。利用了 EMC 的市场开发能力，节省了银行业务开发的成本。第二，风险低。通过 EMC 进行项目、客户预选，利用 EMC 的成熟经验、先进技术及专业的管理运作，降低了银行的风险。第三，获得更多的机会。通过 EMC 介入不同类型的项目，签订不同类型的节能项目合同，有利于银行绿色金融产品的开发和推广。

（2）节能服务商方面：第一，加快发展。节能服务产业已发展为一种新兴的节能产业。第二，巩固客源。通过与客户签订节能服务合同，帮助客户实现节约能源目标，积累了项目经验，巩固了客户基础。第三，增进银企关系。与银行建立了长期友好的战略合作伙伴关系，为项目的实施提供了强有力的资金保障。

（3）用户方面：第一，零投资、风险低。全部设计、审计、采购、施工监测等均由 EMC 负责，融资由银行负责，而客户无须投资就能导入节能产品及技术，获得专业化服务。第二，节能有保障。若与 EMC 签订承诺节能型合同，就能使客户在短期内实现能源成本下降，且 EMC 公司背后有国内外最新、最先进的专门用于节能促进项目的节能技术和产品做支持。第三，改善现金流。借助 EMC 实施节能服务，将有限的资金投资在其他领域中，改善了企业现金流量。第四，提升竞争力。借助 EMC 实施节能服务，获得了专业的节能资讯和能源管理经验，促进了其内部管理的科学化，建立了绿色企业的形象，增强了市场竞争力。

（4）国家方面：这种创新的合作模式促进了我国能源技术的发展，培育了我国节能管理市场，实现了国家能源的节约。

二、环境责任保险方面

环境责任保险主要有两种形式：一是环境损害责任保险，以约定的限额承担被保险人因其污染环境造成邻近土地上任何第三者的人身损害或财产损失而发生的赔偿责任；二是自有场地治理责任保险，以约定的限额为基础，承担被保险人因其污染自有或使用的场地而依法支出的治理费用。

（一）国内外环境责任保险的发展情况

1.国外环境责任保险的发展情况

目前，主要发达国家的该项保险制度已经进入较为成熟的阶段，并成为解决环境损害赔偿责任问题的主要方式之一。

　　国际社会先后在石油运输、核能、海洋环境、危险废物、工业事故的跨界损害等领域，建立了一系列环境责任保险机制，相关机制仍在不断完善之中。在海洋石油运输领域，1969 年发布的《国际油污损害民事责任公约》规定：载运 2 000 t 以上散装货油的船舶所有人，必须进行保险或取得其财务保证，以便承担其对油污损害所应负的责任。在核能领域，1960 年发布的《核能领域第三者责任公约》规定核设施的经营者应建立并保持保险或者其他财务保证，1963 年发布的《核损害民事责任维也纳公约》也做出类似规定。在海洋环保领域，1982 年发布的《联合国海洋法公约》规定：为了对污染海洋环境所造成的一切损害迅速而适当地给予补偿，各国应制定诸如强制保险等关于给付适当补偿的标准和程序。在危险废物领域，2000 年发布的《危险废物越境转移及其处置所造成损害的责任和赔偿问题议定书》规定：运营者应就危险废物损害责任，保持保险、保证金或其他财务担保。联合国国际法委员会 2004 年发布的《危险活动引起跨界损害所造成的损失的国际责任原则草案》规定：相关缔约国应采取必要措施，以确保经营者为偿付索赔建立并维持保险、债券或其他财政担保。在工业事故领域，2003 年发布的《关于工业事故跨界影响造成损害的民事责任和赔偿议定书》规定：运营者应就其工业事故损害责任，保持保险、保证金或其他财务担保。

　　环境责任保险可分为强制环境责任保险、自愿环境责任保险。美国、德国和瑞典等属于实行强制保险的国家。法国和英国采用自愿与强制保险相结合的方式，以自愿保险为主、以强制保险为辅。环境污染责任风险差异很大，各国对保险范围也有不同要求。在签订的具体保险合同中，当事人往往针对具体的物质、设施、风险类型等，详细界定环境污染责任保险的适用范围。各国关于环境责任保险一般采用有限赔偿制，即在保险金额范围内予以赔付，不可能承担被保险人致人损害的全部赔偿责任。保险人要对每一承保客体进行实地调查和评估，单独确定保险费率以降低风险，每一份保险合同的内容均具有特定性。保险人往往在保单中确定一个特别的索赔时效。

　　环境污染责任保险的承保机构主要有三种：美国式的专门保险机构、意大利式的联保集团、英国式的非特殊承保机构。国外环境污染责任保险呈现以下主要特点：强制保险方式是发展趋势、承保范围逐渐扩大、保险费率的个性化和赔付限额制、保险索赔时效的长期化、保险范围集中在重大环境风险、保险机构的专门化和政府环保部门的支持、承保机构的联合趋势、保险人与被保险人结合成利益共同体、环境责任保险与环境赔偿基金相结合等。

2.国内环境责任保险的发展情况

20 世纪 90 年代初，我国保险业推出了环境责任保险业务，大连、长春、沈阳、吉林、丹东、本溪等试点城市采取了保险公司与当地环保部门合作的方式，经营主体单一，费率水平偏高，赔付较少，影响较小，规模小，均只有几家或十几家企业投保且呈下降趋势。从 1996 年至 2005 年，我国的环境责任保险在实践上几乎处于停滞状态。原因是当时条件不成熟，公众环境意识水平较低，环保法律法规建设不完善，企业污染成本低，重经济、轻环保，同时政府没有发挥充分作用，理论研究滞后，环境责任保险产品设计本身有缺陷。

2006 年以后，随着环境污染加剧以及环境污染对社会、对企业的影响加深，环境责任保险在我国成为热点话题，包括保险界、环保界、法律界在内的社会各界人士对于在中国建立环境责任保险制度进行了广泛的讨论。2006 年，全国石化项目环境风险大排查行动通报结果：总投资近 10 152 亿元的 7 555 个化工石化建设项目中，81%布设在江河水域、人口密集区等环境敏感区域，45%为重大风险源。潘岳认为，我国的化工石化行业存在着严重的布局性环境风险，而相应的防范机制却存在明显缺陷，在这种情况下，如果不采取有效的风险防范措施，则无法遏制突发性环境事故的激增势头。2006 年 6 月，《关于保险业改革发展的若干意见》的第五部分指出"充分发挥保险在防损减灾和灾害事故处置中的重要作用，将保险纳入灾害事故防范救助体系"，还指出"采取市场运作、政策引导、政府推动、立法强制等方式，发展安全生产责任、建筑工程责任、产品责任、公众责任、执业责任、董事责任、环境污染责任等保险业务"。此后国家环境保护总局与中国保监会开展了一系列的环境责任保险的调研论证。2007 年 12 月，华泰保险公司的"场所污染责任保险"以及"场所污染责任保险（突发及意外保障）"两款产品通过了保监会的备案批准，正式向市场推出，这两款产品是独立的环境污染责任保险产品，承保意外突发污染和渐进性污染，承保保险期限内发生的污染事故以及考虑承保此前发生的污染事故。

2007年12月，国家环境保护总局和中国保监会联合发布了《关于环境污染责任保险工作的指导意见》（以下简称《意见》），正式启动了绿色保险制度建设。《意见》提出在"十一五"期间初步建立符合我国国情的环境污染责任保险制度，在重点行业和区域开展环境污染责任保险的试点示范工作，以生产、经营、储存、运输、使用危险化学品企业，易发生污染事故的石油化工企业、危险废物处置企业等为对象开展试点。

经过几年的深入调研，2012年6月广东省环境保护厅（今生态环境厅）等部门联合印发了《关于开展环境污染责任保险试点工作的指导意见》（现已废止），规定率先纳入试点的企业包括：生产、储存、运输、使用危险化学品的企业；储存、运输、处理处置危险废物的企业；铅蓄电池和再生铅企业；广州、深圳、汕头、韶关、佛山、中山、东莞、清远、惠州、江门、肇庆、云浮等12个国家和省重金属污染防控重点区域内涉重金属企业；钢铁、有色金属冶炼、矿山采选、石油化工、电镀、印染、鞣革、化学制浆造纸及味精、酒精生产企业中被列为国家和省重点监控的企业。

总的来讲，当时我国发展环境责任保险存在以下障碍：法律制度建设不完善，环境责任保险没有立法，造成了"环境违法成本低、守法成本高"的不合理局面；各方观望，各级环保部门普遍对环境责任保险比较陌生，企业对该保险能否满足环境风险保障需求存在疑虑，保险公司认为环境责任保险经营技术复杂、不确定性大；制度模式难以抉择，环境责任风险评估、保险险种设计存在技术性难题；等等。

（二）相关环境经济综合评估

1.环境风险评价

环境风险评价是指对人类的各种社会经济活动所引发或面临的危害（包括自然灾害）对人体健康、社会经济、生态系统等可能造成的损失进行评估，并据此进行管理和决策的过程。在狭义上，环境风险评价常指对有毒有害物质（包括化学品和放射性物质）危害人体健康和生态系统的影响程度进行概率估计，并提出减小环境风险的方案。20 世纪 30 年代至 60 年代，风险评价处于萌芽阶段，主要采用毒物鉴定方法进行健康影响分析，以定性研究为主。20 世纪 70 年代至 80 年代，风险评价研究处于高峰期，评价体系基本形成。1983 年美国国家科学院出版的红皮书《联邦政府的风险评价：管理程序》提出风险评价"四步法"，即危害鉴别、剂量—效应关系评价、暴露评价和风险表征，并对各部分都做了明确的定义。这成为环境风险评价的指导性文件，目前已被荷兰、法国、日本、中国等国家和国际组织采用。20 世纪 90 年代以后，风险评价处于不断发展和完善阶段，生态风险评价逐渐成为新的研究热点。随着相关基础学科的发展，风险评价技术也不断完善，美国对 20 世纪 80 年代出台的一系列评价技术指南进行了修订和补充，同时又出台了一些新的指南和手册，在 1992 年生态风险评价框架的基础上，1998 年正式出台了《生态风险评价指南》。

《生态风险评价指南》叙述了生态风险评价的一般原理、方法和程序，对象包括气候变化、生物多样性丧失、多种化学品对生物影响的风险评估等。《生态风险评价指南》将生态风险评价分为问题形成、分析、风险表征三个阶段，如图 5-2 所示。

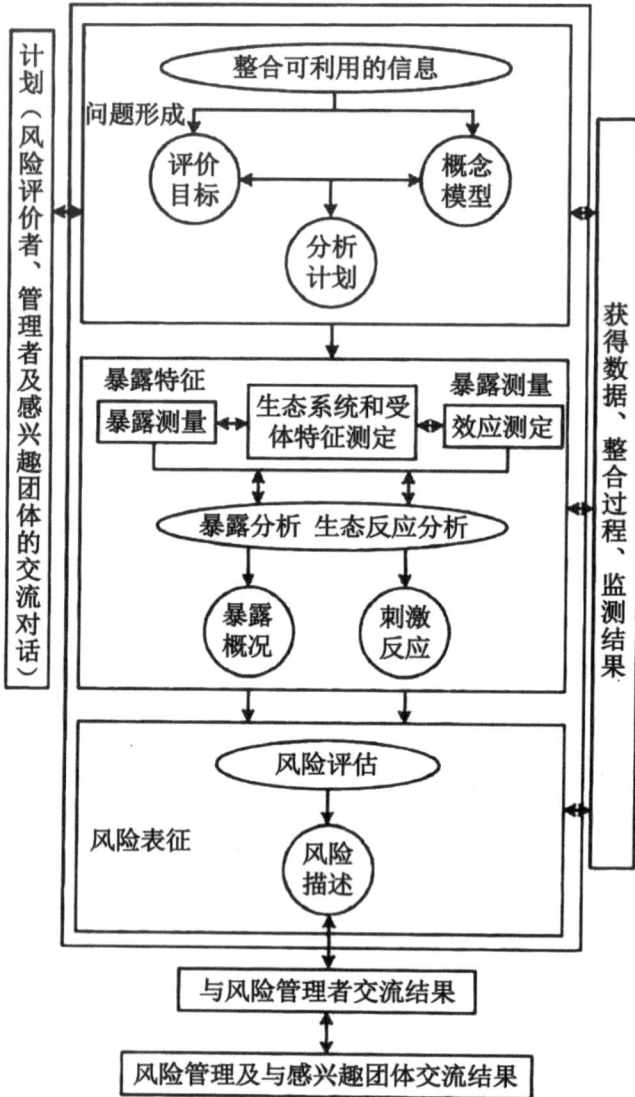

图 5-2 美国国家环保局生态风险评价过程

（1）问题形成

问题表述是确定评价范围和制订计划的过程。评价者描述目标污染物特性和有风险的生态系统，进行终点选择和有关评价中假设的提出。这个阶段包括数据的收集、分析和风险识别三个步骤及从三个方面评价终点、概念模型和分析方案。

（2）分析

分析是检验风险、暴露和影响它们之间相互关系和生态系统特性的过程，是生态风险评价的关键部分。分析的目标是确定和预测组分在暴露条件下对胁迫因子的生态反应。不确定性的评价贯穿整个分析阶段，其目标是尽可能地描述和量化系统中一些已知的和未知的暴露和影响。不确定性的分析使得评价更可靠，为收集有效数据或应用精确方法提供了基础。不确定性主要来自可变性参数值的估算及数量的真实值，包括数量、位置或出现的次数，数据差异，模型的开发和应用等，还包括过程模型结构和经验模型中变量之间的关系。

（3）风险表征

风险表征是风险评价的最后一步，是计划编制、问题阐述以及分析预测或观测到的有害生态效应和评价终点之间联系的总结。

我国目前还没有一套合适的有关风险评价程序和方法的技术性文件，但在一些部门的法规和管理制度中已经明确提出风险评价的内容，如 1997 年国家环境保护局、农业部等部门联合发布的《关于进一步加强对农药生产单位废水排放监督管理的通知》等。

2.环境损失计量

环境损失计量是根据环境污染状态进行环境损失的实物量化与货币化，并对货币化的环境损失按照会计的要求进行确认与记录的过程。环境损失计量应以环保部门公布的环境监测数据和企业从环境交易或事项中取得的环境状态数据为基础，其概念构架包括四类变量：环境污染状态、环境污染导致的实物型损失、实物型损失的货币化、实物型损失的确认与计量。环境损失的发生时间及其计量过程具有时序性与动态性特征，发生空间、表现形式与计量方法具有多样性与变化性。

（1）环境污染状态

第一，以污染物排放量形式表现的变量，如厂区的二氧化硫和其他有害气体的浓度、污染物产生速度等。

第二，企业权责范围内的污染物排放量，如"三废"的排放量等。

第三，企业权责范围边界的污染物流出量与流入量，如环境责任主体因污染破坏造成的影响程度。

污染状态变量决定了企业由环境污染导致的实物型损失变量的大小与权责份额，是环境损失计量的起点。

（2）环境污染导致的实物型损失

第一，急性实物型损失，如有毒液体的排放导致的森林树木毁坏、有毒气体的排放导致的人员伤亡和野生动物灭绝等。

第二，慢性实物型损失，如浓度较低的有害气体和液体长时间排放导致的水土流失、气候恶化、土质改变等。

第三，尚未完全确认的实物型损失，如地表下陷、气候恶化等导致历史文物的损毁和风景资源的破坏等。

其中，第一、二类大多是具有可视性或者是可测性的显性损失，能够而且必须计量；第三类是可视性和可测性较低或很低的隐性损失，不容易准确计量。

（3）实物型损失的货币化

其在内容上包括伤害型损失、防御型损失等；在价值构成上包括直接损失和间接损失；在计算方法上可以采用现实市场价格法；在计量模式上可选用名义货币或一般购买力计量单位，选用历史成本、现行成本、现行市价、可变现净值与未来现金流量现值等计量属性。

选择适当的方法实物型损失货币化的难点，一般可以采用生产率变动法、疾病成本法、机会成本法、影子工程法、重置成本法、恢复或防护费用法、意愿调查评价法、成果参照法、土地价值损失法等方法。

生产率变动法（市场价值法）是把环境看成生产要素，环境质量的变化会导致生产率和生产成本的变化，从而引起产值和利润的变化，而产值和利润是可以用市场价格来计量的。

疾病成本法（改进的人力资本法）主要用来估算对人体健康造成的损失，求得由环境污染得病引起的直接医疗费用损失和误工损失，以及用生命价值法求得病患者提前死亡的间接损失。

影子工程法是恢复费用法的一种特殊形式，是在环境破坏后人工建造一个工程来代替原来的环境功能，用建造新工程的费用来估计环境污染或破坏所造成的经济损失的一种方法。

恢复或防护费用法适用于大多数环境影响经济损益估算，对环境质量的最低估计可以从减少有害环境影响所需要的经济费用中获得，可把恢复或防止一种资源不受污染所需的费用，作为环境资源破坏带来的最低经济损失。

意愿调查评价法试图通过直接向有关人群样本提问来发现人们是如何给一定的环境变化定价的。通过调查，推导出人们对环境的假想变化的评价等。

（4）实物型损失的确认与计量

实物型损失的确认，要求在企业的环境责任与经济效益范围的基础上，按照权责发生制原则以及可定义性、可计量性、可靠性与相关性等标准进行初始确认与再确认。

实物型损失的计量，要求在对其确认的基础上，选择合理的计量方法与计量模式，按照可定义性、可计量性、准确性、一致性、有用性、可靠性与效益性等标准对引起环境损失的交易或事项进行货币化与分配，它具有间接性、异质性、模糊性、差异性和可验证性等特征。

（三）环境责任保险创新

1.机构创新

环境责任保险是以特定的环境责任风险为处理对象的一种基于社会互助的风险分散机制。环境责任保险属于责任保险业务，承保标的为无形的责任，在保险金额确定方面，没有相应的保险标的价值可供参考，保险金额标准的确定成为一个重点和难点问题。环境责任保险属于公众责任保险，在利益保护方面具有双重性。一方面，环境责任保险可以直接保护被保险人，即污染企业的利益，避免污染企业由于污染事故而承担过大的损失，甚至破产；另一方面，环境责任保险间接保护了受害人的利益，即公众环境利益。如果没有该保险和相应的利益保护机制，那么经常出现的情形是：企业因一次事故而破产，虽然责任确定清晰，但企业已无能力承担环境修复的资金，公众的环境利益保护只能成为无法兑现的书面利益。在环境责任保险中，赔偿义务主体是保险公司，最终承担损失的是投保环境责任保险的全体投保人，由他们共同承担损失。赔偿主体的替代性，解决了污染后果的严重性与侵权者赔付能力的有限性之间的矛盾，平衡了个体权利和社会公益之间的冲突。

环境责任保险的根本职能是分散风险和组织损失补偿。分散风险这一根本职能派生出两项重要职能：资金融通和防灾防损职能。资金融通职能通过两个渠道实现：①存在于被保险企业之间的、以特定的环境责任事故发生为前提的、资金从没有发生事故的企业向发生事故的企业转移，这是一种特殊的资金从供给方向需求方的转移方式，是一种社会范围内的互助机制；②环境责任保险基金形成在前，保险公司赔付、使用在后，从形成到赔付期间，保险资金经保险企业投资运用到法律认可的投资渠道，包括银行存款、国债、基金、债券、股票、房地产等投资途径。

环境责任保险的防灾防损职能实现途径是：保险公司从控制自身保险金赔付、扩大盈利、减少损失的角度，在承保环境责任保险业务后，通常会加强风险控制，如通过日常监督，甚至雇用专业的风险管理专家对被保险人所从事的活动进行管理，及时发现环境责任风险隐患，督促被保险企业采取措施，避免或减少事故的发生；通过差别费率、优惠费率、保障范围的控制，激励被保险人采取安全措施，减少污染风险，如保险人可以在基本费率的基础上实行差别费率，对环保设施完善、运作良好的经营者实行优惠费率，对环保设施不健全的经营者，提高费率，征收高额保险费，促进其健全环保设施。

环境责任保险承保机构模式的选择需要考虑体制性质、推行方式、经营主体、承包事故类型以及承包责任范围等方面。

我国幅员辽阔，各地区间发展不平衡，存在一定的经济实力差距。环境污染事故致损原因复杂、影响广泛、赔偿金额大，我国财产保险公司由于资金、技术、人才等限制也无力独自承担环境污染责任大的巨灾损失。渐进性环境损失的案例日益多见，渐进性污染牵涉的当事人往往众多，索赔数额巨大，单个保险公司一般不具有承保此种污染的财力、精力和人力。由于环境责任保险的复杂性，保险公司不可能深入了解投保标的风险状况，再加上企业生产中不确定因素非常多，在保险公司无法区分投保标的的风险状况时，保费就会被定得较高以弥补潜在的损失，然而过高的保费又将低风险者拒之门外，导致高风险的保户占了投保者的大多数。环境责任保险要直接计入企业的生产成本，如果没有合理的政策机制督促投保人购买保险，那么将会严重影响投保人的购买积极性，对保险的推广和实施造成困难。

我国的环境污染责任保险宜采取政府和保险公司合作的方式，可以借鉴意大利模式，由政府出面组成国内保险业联合承保集团。政府负责规划环境污染责任保险的经营目标和指导方针，联保集团具体负责环境污染责任保险的承保、理赔和资金运用等经营事项，可以考虑商业化与社会化相结合。政府应该采取一些激励措施，为参加联保集团的保险公司提供税收优惠和资金支持，开始时降低环境污染责任保险费以使企业能够承受，从而有利于环境污染责任保险的顺利推广。

实行强制责任保险和自愿责任保险相结合的制度模式，视企业潜在的污染频率、污染程度以及企业已经采取的环境保护措施而区别对待，对污染高的行业推行强制责任保险；对于污染较低的行业及已经采取积极措施促进环境保护的企业应该在政府的规划和引导下，有计划、有步骤地将其纳入自愿责任保险的范围，待时机成熟再全面推进环境污染强制责任保险。基于我国在环境保护法律规范、环境责任保险制度及企业保险意识等方面的现状，在承保范围上我国最好采取分步走的策略，即先承保突发性的环境污染行为，待时机成熟再承保持续性的环境污染行为，并且在承保累积性污染事故时，附加严格的限制条件。

探索保险人与被保险人结合的利益共同体的承保机构模式。实践证明，单纯由保险人承担所有损害赔偿风险的环境责任保险往往容易导致道德风险。由保险人承保保险标的的一部分，其他部分的损失由被保险人自负，使保险人和被保险人以保险标的为纽带形成一个患难与共的利益共同体，这样就会减少环境责任保险中的逆向选择和道德风险等问题。保险人与被保险人结合成利益共同体已成为环境责任保险的一种趋势。

探索环境责任保险与环境赔偿基金相结合的模式，由于环境侵权的特殊性，环境侵权损害赔偿领域一直坚持全部索赔与限制赔偿相结合的原则。环境侵害往往损失巨大，无限额的赔偿很可能导致企业破产，不利于保险市场的健康发展。同样，保险人作为法人，是以营利为主要目的的，保险人出于自身利益的考虑，在承保环境责任保险时会有很多顾虑。环境赔偿基金是一种建立于保险之上的救济方式，一旦发生环境污染事件，产生侵权损失，首先由基金拨款赔付，不足部分再由保险人承担，这样就减轻了保险人的赔偿负担，也给保险赔偿提供了两条有力的途径。

考虑用巨灾风险证券化等方式分散风险。由于环境侵权对象的广泛性和损害后果的严重性，能否有效解决保险人的风险分散问题是环境侵权责任保险能否推广的关键所在。在我国现有保险法律制度中，保险人的风险分散途径是再保险。但由于再保险对一些巨型的环境侵权责任保险的风险分散也有限，一些发达国家正在尝试通过巨灾风险证券化方式，即通过证券市场发行巨灾债券、巨灾期货、巨灾期权等金融产品，来更有效地分散风险，提高巨额灾难事故的理赔和承保能力。

2.业务和产品创新

污染事件的发生可能是由于过失、故意侵权行为（滋扰或非法侵入）或违反各种环境法规。这些环保法规使得环境风险管理和环境责任保险比以前更为重要，虽然风险管理过程可应用于环境损失的风险，但这些风险都必须考虑在规划管理中的一些特征。环境的损害赔偿清理费用由法定的责任和对自然资源的破坏决定。除了改善保险的法律环境，环境损害索赔从时间、地点和数量上难以量化。从试点期间环境责任保险产品本身设计来看，环境责任保险产品缺陷明显，责任范围狭窄，定价技术落后，统计数据不足，费率厘定过程不公开，费率水平过高，赔付率过低。环境责任保险与一般责任保险的最大不同之处在于它的技术要求高、赔偿责任大，每一个企业的生产地点、生产流程各不相同，经营环节、技术水平和工艺流程各有特点，对环境造成污染的可能性和危害性都不一样。这就使得保险费率确定变得困难而复杂。具体来说，业务和产品创新可从以下方面入手：

（1）重视风险评价和环境损失评估，不断完善方法，进行数据积累

环境污染的发生既有立刻显现的，也有累积型的，还可能有累积迁移转化的过程。环境污染行为自身的复杂性使环境责任保险的利益具有不确定性。在这一过程中，从何时确定损害责任往往难以判断，并且其环境损害通常还具有连续性。这种不确定性往往使得保险人无法把握被保险人发生在保险单有效期内的污染损害的大小，无法把握未来的损害赔偿责任。此外，环境损害远比传统的责任损害行为所涉及的利益复杂，如损害赔偿所涉及的主体更广、不确定性更明显、损害赔偿的数额巨大等，这些都使得环境责任保险的保险金额确定变得复杂。如何准确计算环境事故所造成的人身和财产损失，如何考虑生态损失，是非常复杂的技术问题，需要在立法的基础上，选择一个统一标准进行核算。对于财产的损失，要确定污染区域的面积，选取合适的方法计算污染对农牧业造成的经济损失。如果考虑生态损失，则还需解决生态损失评估、生态损失的利益主体等复杂问题。

（2）采取分类与按等级相结合并利用经验费率的方法

环境责任风险差异较大，但是当投保企业达到一定数量后，根据损失变动范围将风险进行分类，可对不同风险等级确定不同费率，在每一风险等级内依然遵循大多数法则。在实践中，保险公司运用一定的角度分类和风险分级，可以寻找到风险同质性，如同一行业、同一生产地点、同一经营规模的企业环境

污染风险具有很大的相似性，可以从一定的角度对企业进行分类，把每一风险等级的损失变动控制在一定范围内。对每一风险等级的保险金额，应根据本等级内行业特点、企业规模和污染损害大小来确定。针对保险公司所承保的各个保单的风险具有异质性，要求使用某种形式的经验费率，使各种风险的费率水平依赖于该种风险的经验赔付水平，探索使用无赔款折扣系统方法。

（3）克服逆选择和道德风险两个难题

可以通过以下方式克服逆选择难题：

第一，完善环保信息披露制度，承保公司尽量从环境污染责任保险的投保企业那里获取更多的信息，建立合理的风险分类体系，对投保企业进行更准确的分类，以解决保险公司与投保企业之间的信息不对称问题。

第二，在费率、免赔额、承保条件以及除外责任等方面设计不同的环境污染责任保险合同，鼓励不同的投保企业选择更适合自己的风险种类的合同。

可以通过以下方式克服道德风险难题：

第一，明确界定保险责任范围，明确除外责任，对被保险人的不诚实行为给予严厉经济制裁等。

第二，保险人承保时要对投保企业进行检查，严格估算企业的风险程度，要求被保险人提供对确定损失概率及损失数额有意义的补充资料，还要对被保险人的防灾防损设备和措施提出建议。

第三，在合同有效期内，要监督企业的生产活动，提出避免发生环境污染事故的措施。

第四，在发生保险事故时应明确企业的责任程度，按照污染的种类和造成污染的原因确定不同的赔偿数额，视其违背保险人提出的防污染措施的情况决定制裁的方式。

（4）采用以期内索赔制为主的承保方式

由于环境污染责任保险事故往往带有渐进性质，污染事故发生后损害往往历经很长时间才被发现，因此我国环境污染责任保险宜确立以期内索赔制为主的承保方式。期内索赔制解决了保险公司在期内发生制中面临的"长尾巴责任"，有利于保险公司经营的稳定，目前已被广泛采用。

（5）条件成熟时设计一些新的保险填补污染排除覆盖范围的缺陷

在大多数商业责任保险政策中，污染排除条款使得问题变得非常复杂。应减少环境损害索赔的范围，设计一些新的保险，以一个独立的覆盖环境破坏或环境清理费用补助金的投保协议的存在形式，填补其他行业的污染排除覆盖范围的缺陷。国外的这类保险有环境专业的错误和遗漏承担责任保险、石棉和铅减排承包商的一般责任保险、环境整治保险、整治止损保险、地下储罐保险等。

第二节　绿色金融政策创新

一、绿色金融所需的运行环境

（一）绿色金融的政治和法律环境

20 世纪 70 年代至今，美国为绿色金融在国内的发展奠定了扎实的法律和政策基础，制定了多部环境法以及促进绿色金融发展的法律法规，以优化行政管理职能，提高公共行政效率。美国法律规定为污染场址所有者或运营者提供贷款的银行需要承担环境清理的连带责任，严格的责任规定促使银行尽力审慎评估场址的污染程度，同时还使其避免向有污染场址的公司提供贷款。发达国家的经验表明，通过环境立法来明确政府的环保责任，规范政府行为，是协调经济建设与环境保护关系、根治环境问题的关键措施，为绿色金融的开展提供了法律基础。

党的十八大以来，我国坚持绿水青山就是金山银山的理念，全方位、全地域、全过程地加强生态环境保护，生态文明制度体系更加健全，污染防治攻坚向纵深推进，绿色、循环、低碳发展迈出坚实步伐，生态环境保护发生历史性、转折性、全局性变化，我们的祖国天更蓝、山更绿、水更清了。不过，当前我国的生态环境保护任务依然艰巨。

党的二十大报告提出："大自然是人类赖以生存发展的基本条件。尊重自然、顺应自然、保护自然，是全面建设社会主义现代化国家的内在要求。必须牢固树立和践行绿水青山就是金山银山的理念，站在人与自然和谐共生的高度谋划发展。我们要推进美丽中国建设，坚持山水林田湖草沙一体化保护和系统治理，统筹产业结构调整、污染治理、生态保护、应对气候变化，协同推进降碳、减污、扩绿、增长，推进生态优先、节约集约、绿色低碳发展。"

平衡经济发展与环境保护，要紧紧围绕落实"政府对环境质量负总责"的要求，重点解决一些地方政府环境保护不作为、乱作为、干扰环境执法等突出问题，创建或强化一批制度与机制。完善环境损害救济的法律制度，建立环境责任终身追究制度，同时在政策上对守法企业给以激励，这样才能让企业更加自觉地走资源节约、环境友好的发展之路。还要加快完善环境经济政策的法律保障体系，适时制定和完善与绿色金融相关的法律法规，健全配套政策建设，为多部门协同推进绿色金融的有效实施提供坚实的制度保障。

为防止有些地方政府无视国家环保政策，对个别环境污染企业或项目实行地方保护主义，中央政府应以立法或规定等形式杜绝地方政府对各金融机构经营行为的干预，并把环境治理指标纳入地方官员的绩效考核指标体系，促使地方政府鼓励发展绿色金融。要整合各部门的行政管理权限，细化环境监管内容，提高政府工作效率，将对政府的问责上升到法律高度，以法律的形式对政府行为进行约束和规范，包括科学决策、实施执行、保障措施、监督机制和责任追究五大类和若干个具体的制度与机制。目前，刑法中加入了污染环境罪，但仅仅限于对环境污染制造末端责任人追责的范畴，应该在政府问责范围、程序、后果上做出具体的法律界定。

（二）绿色金融的社会环境

目前，"绿色生活"还未被百姓广泛接纳，资源低价、环境廉价的现实让人们很难对资源环境的价值有清晰的认知。商品的价格没能体现资源消耗、环境成本，公众可以廉价地获得商品，很难形成绿色消费。因此，必须形成反映资源稀缺和环境消耗程度的价格形成机制，让市场成为资源配置的主体，以利于百姓新的消费习惯的形成。部分企业社会诚信的缺失，导致目前市场上的"有机""绿色"产品不能做到货真价实，引发消费者对绿色消费的担忧和抵触，进而影响了绿色市场的形成。对绿色消费行为虽有鼓励性政策，但缺乏实质性措施，影响了公众绿色行为的实现。提倡绿色消费需要公民有较高的环境意识，须通过长期的宣传教育来提高人民的环境意识。

我国应当从现行的政府主导型的环境管理模式向包括政府、企业、公众和社会组织在内的主体多元化合作的监管模式转变。在国家层面，尽快形成反映资源环境价值的价格体系，通过监管提高绿色市场的诚信度，尽快建立相应的资源回收体系，提高百姓节约资源、保护环境的热情。应对公民环境权益有明确的法律规定，提倡公众参与、公众监督，强化对污染企业的环境监督，弥补政府监管力量的不足，同时监督政府工作，使其认真履责。要加快环境信息公开的步伐，建立和完善公众参与机制，充分发挥社会组织参与环境保护的作用。在行政管理体制改革中，应将社会公共事务管理的权限和责任从传统的政府职责中适度分离出来，鼓励社会组织参与环境保护。

应在全社会开展绿色金融政策宣传教育，营造良好的绿色金融实施氛围，为发展绿色金融政策提供有益的社会环境，进而促进全社会经济与环境的可持续协调发展。应实行环境信息披露，建立和完善企业环境评估报告制度，促使其定期向社会公众发布包括环境在内的报告，便于社会公众监督其环保行为，环境违法企业应得到环保部门的行政处罚，环境友好企业应得到社会公众的认可、环保部门的奖励和银行的信贷支持，这样就使得社会资源倾向于环保企业，进而促进信贷资源的优化配置。

应严格实行环境信息披露制度，要求金融机构公开阐明投资决策对环境、社会、道德因素的考量，借助市场力量、非政府组织力量、公众力量加强对金融机构的监督。要充分发挥中国证券业协会、银行业协会等的作用，促使机构和投资者遵守相关政策规定。要建立健全环境保护群众举报制度，充分发挥非政府组织的作用。

（三）绿色金融的经济环境

根据张雪兰、何德旭的综述研究，绿色金融的经济环境支撑至少包括两个方面：绿色金融执行的微观基础、降低绿色金融成本/收益的不确定性。

英国法律规定污染者付费并以完整的生产标准来指导企业的生产，使得银行向高污染企业提供贷款具有很高的风险性。为了避免信贷资金无法回收而形成坏账，银行自发地将环境、社会、道德因素纳入自身的信贷和对企业的评估系统。美国实施了以税收政策为首的相关支持和鼓励政策，银行业重视完善信息技术系统，真正做到了与社会环境部门共享数据。美国的银行是国际上最先考虑环境政策，特别是与信贷风险相关的环境政策的银行，可持续发展金融得以蓬勃发展。通过基于市场的政策（如总量控制与交易系统和碳税）设计和引导，量化环境污染成本，以一系列利益驱动机制，将环境问题的外部性予以内部化，以正确反映环境问题的净成本效益，可有效促使集体和个人遵守环境规范，在市场均衡条件下使环境质量达到最优，为大幅度减少污染提供激励，从而使污染治理在最低的社会成本水平得以实现。不仅如此，随着时间的推移，基于市场的政策工具，还可因企业采取更为廉价及更优的污染控制技术而降低减量成本，从而进一步夯实绿色金融执行的微观基础。

绿色金融成本/收益的不确定性使得金融机构很难放弃自身的经济利益，从而导致绿色金融流于形式：承担社会责任与否，对金融机构风险调整收益并无太大影响；采纳诸如赤道原则、社会责任投资原则等规范还意味着金融机构目标、时间框、风险分布的改变，以及供应链、资产负债组合、投入和产出的重塑，在短期内会增加金融机构的作业成本，导致财务绩效下降。有一部分绿色信贷项目是不能产生较好经济效益的，如风电和垃圾发电等，银行支持这些项目就必然会影响其盈利，此时国家就必须有配套的免税、财政贴息等财政政策的支持，才能保障资金投放的稳定性，确保银行实施绿色信贷的积极性。

我国政府在绿色金融的经济环境支撑方面做了一些努力，在 2005 年到 2007 年国家环境保护总局就"刮起"了三次"环保风暴"。2005 年，国家环境保护总局以项目的环境影响评价文件未获批准为由，一次性宣布停建了总投资近 1 180 亿元的 30 个违法开工项目。2006 年是我国环境形势最为严峻的一年，而环保总局在环境影响评价环节中就停批缓批了投资 7 700 多亿元的 163 个对环境有影响的项目，其中一半以上为钢铁、火电、石化等高耗能、高污染项目。在 2007 年的环保风暴中，环保总局通报了投资 1 123 亿元的 82 个严重违反"环评"和"三同时"制度的钢铁、电力、冶金等项目。

二、我国绿色金融政策创新的方向

我国环境经济政策实践的主要类型，除了绿色金融，主要包括环境财政、环境税费、环境资源定价、绿色贸易、生态补偿、行业环境经济政策以及综合性政策。环境财政政策主要包括各类环境财政预算支出、专项资金管理、政府绿色采购政策等；环境税费政策主要包括车辆购置税、消费税、出口退税、企业所得税、增值税等与环保有关税收的税式支出政策等；环境资源定价政策主要包括脱硫电价、再生能源电价补贴、取消高耗能行业电价优惠、新能源汽车补贴、水资源价格等；行业环境经济政策主要包括矿产资源节约与综合利用，鼓励、限制、淘汰和禁止类的技术和产品目录，高污染、高环境风险产品名录政策等；综合性政策是对内容中部分或某一方面的环境经济政策规定的一些政策文件。

目前，我国环境经济政策的发展情况是，政策手段以行政管制为主，市场经济手段不够成熟；政策体系已经建立，但需要深入和细化；环境财政政策仅是搭建了一个制度建设框架，中央和地方政府的环保事权和财政事权亟须厘清与界定；生态补偿政策的制度化建设尚需时日，湿地、海洋、流域、草地等许多领域的生态环境补偿仍处于试点探索阶段，生态补偿机制建设的一系列关键性技术性问题尚需解决；环境税费政策的改革进展缓慢，税制绿化程度较低，环保相关税收的优惠措施落实存在问题。这些均是促进绿色金融发展的环境经济政策的创新方向和领域。

绿色金融政策是环境经济政策的重要形式，目前我国绿色金融政策主要包括：节能环保领域的金融扶持政策、防范高耗能高污染行业贷款政策、上市公司再融资政策、排污权交易政策等。当前，我国绿色金融政策发展情况是：多元化的环保投融资机制建设还比较滞后；绿色信贷政策快速发展，但绿色信贷政策实施的制度环境还不充分，绿色信贷政策运行机制、环保部门与金融部门的沟通机制、银行部门环境信息披露机制尚处于起步阶段；环境污染责任保险政策同样存在法治建设较为滞后、政策支持尚未到位、一些关键技术问题还需要解决等问题；排污权交易政策需要深入研究，排污权交易实践的法律法规依据不足，不能支撑跨省域的试点，缺乏一套科学的排污权初始价格形成机制，排污交易市场短期内还很难建立。绿色金融政策创新需要从以下几方面着手：

（一）完善绿色金融政策法规

更新立法理念、原则和制度，坚持统筹生态保护和环境污染防治，对我国现有的《中华人民共和国环境保护法》《中华人民共和国环境影响评价法》等法律法规进行修订，并完善绿色金融相应配套的条例、办法、规定和标准，将环境责任贯穿于立法之中，出台"排放权交易法"，建立健全环境会计制度等。完善引导激励机制，根据可持续发展原则，完善相应投资、税收、信贷规模导向等配套激励机制，鼓励金融机构参与节能减排领域的投融资活动，完善跨国绿色投资准入、待遇和保护政策等。

（二）完善基本标准规范

夯实和完善绿色金融有效实施的基础和行为规范，加快绿色金融标准建设，规范绿色金融实施。这主要包括完善碳交易市场交易制度以及制定绿色信贷、绿色保险、绿色证券业务操作细则，完善 CCER（中国核证自愿减排量）市场交易制度，研究制定绿色金融实施指南等。

（三）加强机构创新

组建政策性金融机构，支持绿色经济项目投融资，实行税收及税率优惠政策，设立国家级综合环境基金，在绿色金融项目贷款额度内适当减免存款准备金。可探索在金融机构内部设立绿色金融的职能部门，如环境部门、环境执行委员会，由这些机构参与机构内部的核心事务，使其拥有业务否决权、监督权等诸多权力。可探索设立绿色金融数据中心，搜集绿色金融所需相关数据，作为金融监管当局、金融机构及投资者的决策依据。条件成熟时，该中心也可承担绿色金融体系的认证及比较评估。建立环境监管合作机制和部门联动监管机制，加强信息沟通和共享，加大监督力度。建立金融机构环境信用评级，将金融机构在环保方面的表现纳入金融机构信用评级的考核因素之中。

（四）加强业务和产品创新

加强银行信贷政策管理，严格信贷审查审批条件。完善客户分类管理制度，实行差别化授信制度，有效控制"两高"行业信贷投放和投放额度。加强环境风险动态管控，转移、缓释信贷风险，及时采取降低客户信用等级、暂停融资、提前收回信用等有效风险防控措施。加强制度约束刚性，严惩违法违规行为。

（五）加强市场创新

发达国家围绕碳排放权交易开始形成以直接投融资、银行贷款、碳排放配额和项目减排量交易及期权期货等一系列金融工具为支撑的低碳金融体系。它包含市场、工具、服务和制度等要素，为全球温室气体减排行动提供了适当的金融制度安排和金融交易程序，其中既包括碳排放权及其衍生品的交易和投资、低碳项目开发的投融资，也包括银行绿色信贷及相关的金融中介活动。我国应该加强绿色金融创新，如碳排放权交易市场创新，创建以其为核心的低碳金融体系。

第三节　绿色金融市场创新

按照世界银行的定义，碳交易是指一方凭购买合同向另一方支付以使温室气体排放减少或获得既定量的温室气体排放权的行为。碳交易的基本原理是：如果等量二氧化碳在世界任何一个地方的排放对气候变化产生的效果都是相同的，那么购买方通常可以以配额或排放许可证的形式向出让方购买温室气体的减排额，而这种交易应该在碳交易市场上完成。它是人类应对全球温室气体排放实践中产生的一种市场手段，是一种利用市场机制解决环境问题的方法，其理论基础是通过产权分配对排放权进行交易的"科斯定理"。

目前，碳交易存在两种类型。一类是基于项目的交易，其创立机制为基线与信用机制，指减排量是由具体的减排项目产生的，每个新项目的完成就会有更多的碳信用额产生，其减排量必须经过核证。最典型的项目市场是基于《京都议定书》的清洁发展机制和联合履约机制，这两种机制分别产生核证减排量和减排单位。另一类是基于配额的交易，其创立机制为总量限制交易机制，总量的确定形成了有限供给，进而造成一种稀缺，由此形成了对配额的需求和相应价格。这一市场主要包括欧盟碳排放交易体系（European Union Emission Trading System, EU ETS），其减排指标为欧盟配额；新南威尔士温室气体减排机制；芝加哥气候交易所；地区温室气体倡议；等等。

排放权交易体系开创了一个全新的排放权交易市场，欧盟配额交易市场在全球碳市场中占据主导地位，是最具流动性和影响力的排放权交易市场。欧盟排放权交易市场自 2005 年以来，交易量实现了数十倍的增长，市场的参与方和交易类型更加多元化，交易基础设施也逐步完善。自排放权交易体系实施以来，欧盟的年排放量在加速减少。

一、国际碳交易市场概述

（一）国际碳交易的法律基础

1992 年 6 月，《联合国气候变化框架公约》（*United Nations Framework Convention on Climate Change*, UNFCCC）得以通过。UNFCCC 是为了全面控制二氧化碳等温室气体排放以应对全球气候变暖的第一个国际公约。UNFCCC 的最终目标是将大气中温室气体的浓度稳定在防止气候系统受到危险的人为干扰的水平上。UNFCCC 指出在全球合作应对气候变化的过程中应遵循"共同但有区别的责任"原则。

1997 年 12 月，《京都议定书》在 UNFCCC 第三次缔约方大会上通过并于 2005 年 2 月 16 日正式生效。在《京都议定书》的约束下，二氧化碳等温室气体排放权就成了一种稀缺资源，因而也就有了商品属性。由于不同国家、不同企业减排温室气体的成本相差很大，用较少的投入减排温室气体成为全人类的共同追求。为此，《京都议定书》规定了三种灵活机制，即联合履约机制（第 6 条）、清洁发展机制（第 12 条）和国际排放贸易机制（第 17 条），从而为温室气体排放权交易创建了一个新的制度框架，使得人类历史上首次得以以法规的形式限制温室气体排放，构建了温室气体减排的国际合作机制，从而激发了全球碳排放权交易的蓬勃发展，开创了全球温室气体排放权交易的时代。

《京都议定书》建立的三个灵活机制如下：

1.联合履约机制

联合履约机制主要指发达国家通过项目的合作来实现双方之间减排额度的转让，一方的限额减排额度增加时，则另一方的限额减排额度相应减少。

2.清洁发展机制

清洁发展机制是《京都议定书》第 12 条所确立的合作机制，主要指发展中国家和发达国家之间的项目合作，产生的减排额可为发达国家抵消它承诺的减排额。清洁发展机制项目的审批时间长，需要联合国的最终核实。发展中国家可以通过清洁发展机制项目，得到技术和资金的支持。清洁发展机制的核心在于，工业化国家可以向发展中国家购买减排额度，通过碳交易市场等以较低的成本灵活完成减排任务，同时发展中国家可以获得相关技术和资金，即商品化温室气体排放权，使之作为一种生产成本。由此以二氧化碳排放权为标的的国际碳排放权交易市场应运而生。

3.国际排放贸易机制

国际排放贸易机制是指《京都议定书》第 17 条规定的，发达国家之间基于配额—限制的贸易方式。企业通过交易可回收一部分资金，对不能实现减排任务的企业，实行惩罚。

（二）欧盟排放权交易体系

在全球碳交易市场中，基于配额的交易相较于基于项目的交易而言，占绝大部分份额，EU ETS 下的碳配额交易占全球交易的主导地位。1998 年到 1999 年，欧盟开始考虑将排放权交易作为实现京都目标的战略，欧盟排放权交易的目的是达到《京都议定书》的减排要求，同时也是在国际气候谈判中通过抢先开始排放权交易争夺规则制定权。2000 年 3 月，欧盟绿皮书正式提出在欧盟内建立排放权交易体系，并与其他政策互补和协调。该文件明确表示要将企业纳入排放权交易体系中，提出排放权交易体系的实施有利于确立明确的减排目标（也就是偏向于实施总量管制性排放权交易体系），气体仅限于二氧化碳，覆盖部门包括电力和热能供应部门、钢铁、冶炼、化工、玻璃、瓷器、建筑材料、造纸和印刷。该文件包含了经济分析，证明排放权交易体系可以显著减少《京都议定书》的履约成本。2001 年 10 月，欧盟委员会（以下简称"欧委会"）就排放权交易提出初步提案，大致上确定了交易体系运行的主要规则：权力的集中度、覆盖面、配额的分配、监督及惩罚措施以及与其他体系之间的连接。2003 年 10 月 25 日，欧盟以正式法律的形式发布排放权交易指令，该指令对交易体系运行规则进行了具体明确的规定。2005 年 1 月，欧盟排放权交易体系开始运行。

1.EU ETS 的三个阶段

（1）第一阶段（2005—2007 年）为试验阶段

该阶段排放量的上限被设定在 66 亿吨二氧化碳，排放配额均免费分配。每年剩余的欧盟配额可以用于下一年度的交易，但不能带入第二阶段。该阶段允许使用的核证减排量和减排单位的数量平均为总体配额的 13%，各国情况略有不同。第一阶段暴露的主要问题是配额分配经验不足，有的排放实体分配到的排放额度远远大于该阶段的实际排放量，配额供给出现过剩现象。由于不少企业为以防万一并不会把所有多出来的欧盟配额拿去卖，所以市场虽不至于崩溃，但还是受到了非常大的打击，现货欧盟配额价格从 2006 年 3 月最高的 30 欧元跌到 2007 年初最低的 3 欧元。

（2）第二阶段（2008—2012 年）为《京都议定书》确定的减排承诺期

在这个阶段里，欧盟吸取了第一阶段配额分配过松的教训，最终将欧盟配额的最大排放量控制在了每年 20.98 亿吨，对各个国家上报的排放额度仍是以免费分配为主。在这一阶段，欧盟开始引入排放配额有偿分配机制，即从配额总额中拿出一部分，以拍卖方式分配，排放实体根据需要到市场中参与竞拍，有偿购买这部分配额（如德国就拿出 10%的排放配额进行拍卖）。同样，第二阶段里排放实体每年剩余的欧盟配额可用于下一年度的交易，但不能带入下一阶段。

（3）第三阶段（2013—2020 年）

这一阶段对交易机制进行大幅度改革，排放上限将以 1.74% 的速度在第二阶段年度平均上限基础上逐年递减。同时还要扩大纳入排放体系的行业范围，强化价格信号作用以引导投资，创造新的减排空间，减少总的减排成本，提高系统效率。此外，以拍卖方式分配的配额比例逐步提高。欧盟排放交易体系市场交易的标准主要是国家计划分配的欧盟配额，同时被纳入排放交易体系的排放实体在一定限度内允许使用欧盟外的减排信用，目前只允许使用清洁发展机制项目的核证减排量和联合履约项目的减排单位。

2.碳市场体系运作流程

下面以欧盟碳交易体系为例，介绍碳市场体系运作流程。在欧盟层面上，欧盟中心管理局要求各个成员国建立排放配额的登记体系，排放权交易体系所覆盖的每一个企业都在登记体系中设立配额的账户。欧盟中心管理局还通过欧盟交易日志对整个配额的登记过程进行监督。配额的登记体系除记录配额的分配情况之外，还记录每一个企业所发生的配额的购买和出售行为。2008 年 10 月 19 日，欧盟交易日志与联合国的国际交易日志（Intenational Transaction Log, ITL）之间实现了连接。这一连接使得在连接指令生效之后欧盟的买家可以直接通过交易日志购买《京都议定书》下三个灵活机制中的配额。

二、碳交易市场的相关核算

（一）碳排放实物量核算

国际上现有的碳核算标准、指南、规范可以分为两类，以 IPCC（政府间气候变化专门委员会）的《国家温室气体清单指南》为代表的自上而下的碳核算体系和以世界资源研究所、世界可持续发展工商理事会共同制定的《温室气体协议：企业核算和报告准则》为代表的自下而上的碳核算体系。前者通过国家主要的碳排放源自上而下层层分解来进行核算，后者通过各类微观主体包括企业、组织和消费者在生产过程或消费过程中的温室气体排放情况核算企业和产品碳足迹。目前，前者不能一一分解到微观经济单位，后者也尚不能涵盖经济生活的各个方面以及所有的产品和微观经济单位，不能通过简单汇总得到区域层面的总碳排放情况，所以还没有二者良好衔接的实践，世界上也没有统一的普遍遵守的碳核算标准规范。

上海市参考了国内外相关技术标准、指南和文献资料，包括上述两类的标准、指南、规范，听取了相关行业协会和国内外专家意见，通过对各行业企业的大量调研，结合上海实际，制定了《上海市温室气体排放核算与报告指南（试行）》（以下简称《指南》）。以下碳排放核算的方法来自《指南》，《指南》只提供二氧化碳排放的核算方法。

温室气体排放的核算可采用基于计算的方法或基于测量的方法。基于计算的方法是指通过活动水平数据和相关参数计算得到温室气体排放量的方法。基于计算的方法主要包括排放因子法和物料平衡法。基于测量的方法是指通过相关仪器设备对温室气体的浓度或体积等进行连续测量得到温室气体排放量的方法。同一排放主体可以选用基于计算或基于测量的方法，如采用基于测量的方法，应通过基于计算的方法对其结果进行验证。

1.基于计算的方法

（1）排放因子法

排放因子法一般是指通过活动水平数据和相关参数的计算来获得排放主体温室气体排放量的方法，《指南》提供了具体燃烧排放、过程排放及电力和热力排放计算的方法。活动水平数据有能源消耗量、原材料消耗量、产品或半成品产出量等。

活动水平数据的获取方法如下：

第一，外购的燃气、电力和热力等消耗量数据可通过相关结算凭证获取。

第二，燃料（如煤、柴油和汽油等）和原材料的消耗量数据，可通过报告期内存储量的变化获取。

第三，产品产出量数据可通过存储量的变化获取。

第四，半成品产出量数据可通过存储量的变化获取。

相关参数包括低位热值、单位热值含碳量、氧化率、过程排放因子和电力／热力排放因子等，获取方式主要要有以下两种：

第一，检测值。检测值的来源包括排放主体自主检测、委托机构检测及其他相关方提供的数值。自主检测及委托机构检测应遵循标准方法（如国家标准、行业标准和地方标准等）中对各项内容（如实验室条件、试剂、材料、仪器设备、测定步骤和结果计算等）的规定，并保留检测数据；使用其他相关方提供的数值时，应保留相应凭证。鼓励排放主体对相关参数进行检测，检测方法和结果经主管部门认可后，可直接作为相关参数的数据值。

第二，缺省值。《指南》和行业方法中所提供的数值，在缺乏检测值的情况下，排放主体采用《指南》或行业方法中的缺省值。

（2）物料平衡法

在温室气体排放计算中，物料平衡法是根据质量守恒定律，对排放主体的投入量和产出量中的含碳量进行平衡计算的方法，计算按下式：

排放量＝[∑（投入物量$_i$×投入物含碳量$_i$）－∑（输出物量$_j$×输出物含碳$_j$）]×$\frac{44}{12}$

式中，排放量——吨（t）；投入物量——吨（t）；投入物含碳量——吨碳／吨（t-C/t）；输出物量——吨（t）；输出物含碳量——吨碳／吨（t-C/t）；i，j——不同投入和输出的物质。

2.基于测量的方法

基于测量的方法，指通过连续测量排放主体直接排放的气体中温室气体的浓度或体积等得到温室气体排放量。排放主体可以通过污染物在线连续监测系统（continuous emission monitoring system, CEMS）对温室气体排放进行实时测量。该监测系统的技术性能、安装位置和运行管理等应符合相关规定，以减少测量偏差，降低不确定性。

对于通过基于测量的方法得到的温室气体排放量，排放主体应通过基于计算的方法进行验证。

（二）碳价值量核算

1.碳排放权核算

全面碳排放交易体系建立以后，碳排放权不仅成为一种商品，而且将逐步被标准化、价格化、机制化，成为新的流通介质和储备资产。从国外文献看，碳排放配额的财务会计处理、碳排放的相关风险核算与报告、碳排放相关的不确定性核算与报告、碳排放信息披露及管理等问题是与碳排放权核算紧密相关的事项。在传统财务会计框架内，主要涉及的是碳汇的资产确认问题和碳源的负债确认问题，核算和报告主要关注的是其风险和不确定性。在企业报告框架内，与环境风险等相关的披露方式主要有三种：完全集成法、补充法和混合法。

针对清洁发展机制中的具体规定，会计界关于碳排放权的主要困惑有以下几方面：排放权是否属于资产要素，应该划分为资产要素中的哪种资产？排放权如何进行确认，如何进行初始计量和后续计量？政府对无偿获得的排放权和外购排放权如何入账？碳排放权核算的会计问题被纳入排污权会计框架内进行探讨。IASB（国际会计准则理事会）和 FASB（美国财务会计准则委员会）均出台了排污权交易会计的相关处理草案或准则，试图对包括 CO_2 等排放气体的会计问题进行统一的规范。1993 年，美国联邦能源管理委员会在《统一会计系统》中对排污权交易会计处理做出了规定。2007 年，IASB 排污权交易项目提出三种会计处理方法。IASB 与 FASB 通力合作欲提出包括碳排放在内的排污权交易会计处理模式。

2008 年，斯图尔特·琼斯（Stewart Jones）等将碳排放、交易及鉴证等的会计问题称为碳排放与碳固会计，即碳会计，并提出了构建碳会计规范的两种主要思路：一是在京都协定框架下，所有机构或组织对产生于碳汇的碳信用的会计规范与 IPCC 的原则相协调；二是在温室气体协定中分别计量和报告 CO_2 排放的相关会计问题。现有学术文献较少涉及碳交易或碳信用等碳财务报告和鉴证问题。ICAEW（英格兰及威尔士特许会计师协会）在报告可持续性和会计责任时，虽认可了非政府组织的工作成果，但回避了怎样在资产负债表内确认碳信用的问题。

碳会计准则或规范的焦点主要集中在以下两方面：一是企业的碳排放如何进行会计处理和其碳管理该如何披露。目前，虽有多家国际大公司对 GDP 做出积极反应，但在信息披露上仍存在较多问题，特别是在认知度和价值维度方面。二是市场对公司碳披露与碳管理的反应如何。

也有学者认为基于碳排放或交易的温室气体排放引起的会计事项不应局限在传统的排污权框架内，而应同时设置一个类似于社会会计中的碳账户对其不确定性和风险进行处理，以及将碳排放及鉴证也纳入其中，认为企业的碳账户在排放市场中进行交易前应由第三方进行独立鉴证。

2.与金融监管规则的衔接

欧盟排放权市场真正基于履约需求而产生的交易量在欧盟配额总交易量中仅占很小的比重，市场上最活跃的参与者是金融中介机构。在国际碳市场中，银行、基金等金融机构是跨国碳交易的主要组织者。金融中介机构通过发挥其专业的风险管理能力，可以帮助排放权体系中的中小企业规避配额价格波动的风险，而且其交易行为也有利于市场的价格发现和市场厚度的增加。但是，金融机构的参与也带来了如投机和价格操纵等风险因素。欧盟配额的衍生品满足欧盟 2003 年颁布的《反市场滥用指令》中对金融衍生品的定义，因此对于在交易所交易的标准化欧盟配额衍生品合约来说，适用 MAD 中对于内幕交易和市场操纵的限制条款。另外，欧盟配额的衍生品还适用欧盟 2004 年颁布的《金融市场工具指令》，要参与配额衍生品交易的金融机构必须获得授权许可，并受到金融管制主体的监督，这意味着它们需要满足一系列的运作和报告要求，因此有助于保护委托金融机构进行配额交易的中小投资者和增加市场的透明度。由于配额衍生品的金融产品属性，欧委会考虑将配额市场纳入金融市场管制的范围内，而且考虑将排放权配额定义为金融工具。国外成熟的碳交易市场的实践说明碳交易市场受到金融监管规则的约束，所以碳排放交易相关核算的部分需要有配额衍生品的部分，而且需要与金融监管规则相衔接。

（三）统计报告体系

欧盟在这方面有着成功实践，下面以欧盟的案例来说明。

1.碳排放监测统计报告制度

欧盟温室气体监测统计报告制度由一系列监测统计主管机构、协商程序、监测统计口径和方法学、成员国及排放实体报告要求与格式、监测标准与原则法律和规则组成。欧盟排放监测决定规定，建立GHG（温室气体）排放监测制度和体制，成员国不仅需要建立本国监测和核证的制度及工作规则，还需要按照欧盟监测决定的规定，向欧委会提交监测报告和执行情况报告。据此，欧委会可根据成员国及其排放实体履行国际义务和共同体义务的情况，对成员国或排放实体实施环境管制，追究法律责任或予以奖励。相应地，各成员国依照共同体监测统计报告条例和指令的规定，颁布或转化为本国温室气体排放监测管理体制和监测报告统计制度，对本国排放实体的温室气体排放进行监测统计，建立配额分配、交易及统计信息的交流合作平台，并据此对企业或实体进行奖励激励或追究法律责任。

2.配额管理体系

在欧盟排放权交易指令中确定的NAP（国家分配方案）制定规则主要有：配额总量要与成员国在欧盟《责任共担协议》中的减排责任和《京都议定书》中的减排责任一致；配额总量应该基于历史排放量和为达成减排目标的未来预测排放量；配额总量应该基于减排潜力，包括减排技术发展潜力，与欧盟其他法律政策相符合。

可以看出，成员国在制定本国的配额发放总量时主要考虑的因素是其在欧盟《责任共担协议》和《京都议定书》中承担的减排责任，而将配额总量分配给企业个体时主要考虑企业的历史排放水平和减排潜力。

在排放权交易体系试运行的第一阶段里，欧盟并没有足够的企业层次的排放数据，同时也没有成立合法当局去收集相关数据，因此在试验期内成员国只能依靠企业自愿上报其排放数据。另外，在 2003 年 10 月欧盟排放权交易体系指令生效之后，欧委会要求各成员国在 2004 年 3 月 31 日之前提交其第一阶段的 NAP，这使得成员国制定 NAP 的时间很短。历史数据的缺乏以及时间上的紧迫性导致了第一阶段 NAP 制定的情况不理想。第一阶段内存在明显的配额过度发放，这使得 2007 年底当第一阶段配额将要完全失效时配额的价格几乎跌为零。在第一阶段的数据和经验的基础上，配额分配过量的问题在第二阶段得到修正，实际排放量与配额的发放量之间出现了正的差额。到 2009 年，由于全球金融危机的影响，企业的生产水平下降，排放量相应地降低，因此又一次出现了配额的过量。另外，由于各成员国自主决定其总配额量，而各成员国政府为了保护各自国内企业的竞争力，都有制定较高配额上限的倾向。为了在欧盟范围内统一配额总量的确定标准，确保配额总量的制定在各个成员国之间的公平性，从 2013 年开始的第三阶段里，配额量的确定不再由成员国确定，而是由欧盟总体制定。配额总量在 2005 年配额总量的基础上以每年 1.74%的速度递减，到 2020 年实现排放总额比 2005 年排放量降低 21%的目标。

配额登记体系由配额签发转让及注销平台、成员国配额签发转让及注销系统、核证规则与程序以及系统对接规则等要素和环节组成。有关温室气体排放的指令对成员国建立本国或多国排放监管体制做出的具体要求有：成员国根据欧盟总体配额分配方案，制定本国配额分配方案（排放指令第 9 条），按排放指令附录三要求对配额进行分配；要求成员国认可其他成员国主管机构签发的配额（排放指令第 12 条）；确保本国排放实体的排放报告符合欧委会制定的排放监测报告指引要求（排放指令第 14 条第 3 款），确保排放实体经核证的排放报告符合附录五规定的核证标准，并禁止未通过核证审核的排放实体的配额进行交易（排放指令第 15 条）；要求成员国单独或共同建立并维护本国准确统计配额签发、持有、流转及注销情况的登记系统（排放指令第 19 条）；对欧委会指定的中央管理机构审查出的不符合要求的交易进行管制，不得对其注册，不得继续交易（排放指令第 20 条）；按规定提交成员国排放清单报告（排放指令第 21 条）。

3.配额交易系统

欧盟排放贸易指令授权欧委会制定排放监测报告指引文件和指定排放交易中央主管机构，并建立统一的交易平台，发布标准化的电子数据库注册规范条例，对每一笔配额的签发、转让及撤销记录进行核查和维护，建立信息交换机制，及时将配额签发、注册系统运行情况、监测机制、排放报告、核证及遵守情况在成员国主管机构间进行通报。欧盟中心管理局要求各成员国建立排放配额国家登记体系，这对于配额的交易也有监督作用。排放权交易覆盖的每一个企业在各自国家的配额登记体系下都必须拥有一个账户，同时也可以在其他国家的配额登记体系下开设账户，但是在每年提交配额履约时必须通过本国的登记体系。另外，希望参与配额交易的个人或机构也可以通过申请在登记体系下开设账户。交易指令由账户持有人发出，但是交易指令在执行之前需要由国际交易日志进行配额有效性的审核。国际交易日志审核之后还需要通过欧盟交易日志对配额交易是否满足体系规则进行审核。欧盟交易日志将其审核结果反馈给国际交易日志，再由国际交易日志反馈给国家登记体系，最后由国家登记体系通过记录配额的转移完成配额的交易。目前，每一个交易所的清算所都在至少一到两个欧盟成员国的配额登记体系中持有账户。通过配额登记体系和国家交易日志以及欧盟交易日志所建立的信息系统，企业、国家和欧盟层面均可对交易流和配额存储的变化建立流量和存量的账户，这种账户加强了监管方对配额有效性的审核，配额的买方可以有效地规避所购配额失效的风险。

4.统一的监管信息平台

上述三者并非独立的，而在欧盟排放贸易框架的关于监测统计报告的法律规定（主要包括欧盟排放贸易指令和链接指令、欧盟配额登记条例、监测报告指南等）、欧盟监测决定和欧盟温室气体监测机制运行决定等相关法律规定指导下，共同组成统一顺畅、方便高效的碳交易运转体系和信息平台，具有统一监管体制、统一交易结转平台、统一登记注册体系、统一核定核查方法的"四统一"特征。这个统一的信息平台作为欧盟及德国温室气体排放监管体制的基本要素，不仅是欧盟温室气体排放监管的基本手段和行政执法的重要依据，也是欧盟和德国进行温室气体减排政策创新以及构建基于市场机制的温室气体减排制度体系的物质保障和法律政策保障。

三、我国碳交易市场的现状与创新措施

（一）我国碳交易市场的现状

2007 年，我国在发展中国家中第一个制定并实施了应对气候变化的国家方案。2008 年，我国政府发布《中国应对气候变化的政策与行动》白皮书，作为未来中国应对气候变化行动的具体指导，同年国家发展改革委召开会议决定成立碳交易所。2009 年，我国确定了到 2020 年单位国内生产总值温室气体排放比 2005 年下降 40%～45%的行动目标。2010 年，国家发展改革委正式启动 5 省 8 市的国家低碳省区和低碳城市试点工作。2011 年，国务院制定了《"十二五"控制温室气体排放工作方案》，明确提出开展低碳试验试点，探索建立碳排放交易市场。《关于开展碳排放权交易试点工作的通知》明确在北京、天津、上海、重庆、广东、湖北等省市开展碳排放权交易试点工作，逐步建立国内碳排放交易市场。各试点单位均已开始启动相关工作，建立了专门的领导班子，编制了实施方案。有些地方已经建立了碳交易相关制度，也建立了交易的核查机构、认证机构。为了规范各地交易行为，2012 年 6 月国家发展改革委颁布实施了《温室气体自愿减排交易管理暂行办法》，通过备案管理的方式推出经国家认可的自愿减排的项目、交易产品、交易平台和第三方审核认定机构，促进市场公开、公正和公平，还配套出台了《温室气体自愿减排项目审定与核

证指南》，规范审定与核证工作，保证管理办法的顺利实施。2012 年 7 月，上海市人民政府印发了《上海市人民政府关于本市开展碳排放交易试点工作的实施意见》，要求制定出台上海市企业碳排放核算指南和分行业的核算方法等。2012 年 12 月 11 日，《上海市温室气体排放核算与报告指南（试行）》得以发布。湖北、广东两省探索碳排放交易权的省级联动，此举可以为形成区域性碳交易市场并为形成全国性碳交易市场积累经验。

我国尚未建立完善的碳排放交易方面的法律法规和监管体系，但在具体碳排放权交易活动上，颁布了《清洁发展机制项目运行管理办法》《中华人民共和国大气污染防治法》《中华人民共和国水污染防治法》等法律法规，并将主要污染物列入国民经济发展的约束性指标，对主要污染物排放实施总量控制制度、排污许可制度，施行排污权交易，为碳交易市场的发展奠定了经验基础。

目前，国内碳交易试点刚刚起步，正逐步积累经验、完善规则、建立市场，碳排放权登记注册系统正在建设，交易技术需要积累，排放权核定核查的第三方审定机构需要时间培育和发展。我国碳交易市场发展的路径是逐步实现"从自愿到强制""从特定行业到整体经济""从区域试点到全国市场""从一级现货市场到二级金融市场""从国内到国外"，这些依赖于对 GHG 排放和清除进行量化、监测、报告和核查。目前，虽然我国碳核算体系还没有建立起来，碳核算标准还没有一个统一的规定，但监测制度、统计制度、报告制度和披露制度已经在试点的基础上得到一定程度的制定和落实。

（二）我国碳交易市场的创新措施

1.结合试点统筹规划

碳交易市场管理体系包括标准制定、配额确定、配额分配、配额交易、资质管理、证书签发等多个管理环节。我国应在各地试点的基础上展开法规完善、配额确定、配额分配、交易平台、市场主体培育、合理定价、人才培养等方面的统筹规划。

（1）法规完善

我国已有多个地方试点，国家层面排放交易中心也在拟议成立之中，已经具备大量知识储备和管理实践积累，应该适时出台"温室气体排放贸易促进法"，促进碳交易市场的加快发展。同时，为了综合地方试点力量并给地方试点提供必要的政策引导，应该尽快出台"温室气体排放监测统计报告管理规定"。通过立法，确立中央和地方排放主管机构的职责职能，明晰监管主体的权利和义务，通过多重的激励和惩罚措施，确保排放主体如实履行排放的申报报告和监测义务。立法重点应集中于：排放主体的排放申报与许可，排放配额的申请与分配，减排额度的查验与核证，以及配额登记系统与交易注册平台的建立等领域。

（2）配额确定与分配

应借鉴发达国家碳配额许可交易的做法，以《京都议定书》三大机制为蓝本，总结我国前期排污权许可交易经验，以减排目标为基础，遴选钢铁、化工、水泥等重点排放行业，科学确定和合理分配各地区、各行业、各企业的碳排放额度，并通过拍卖、招标、无偿分配等方式进行配额指标分配和调整。

（3）交易平台

应建立全国碳配额交易电子注册系统等交易平台，参考欧盟最佳实践方法，要求任何交易参与者都注册一个账户，每个账户必须记录参与者资信、配额信息，每个配额以电子形式存在并对应唯一的序列号和条形码，在拟成立的全国统一的碳交易市场里实现国内碳市场与国际碳市场的有效链接，逐步推进碳排放的现货、期货和期权交易、初级市场和二级市场交易、交易所交易和场外直接交易等多种形式，实现国内碳市场与金融市场的有效关联，推动建立碳基金、银行贷款、碳保险、碳证券等一系列以创新金融工具为组成要素的中国特色的碳金融体系。

（4）市场主体培育

应培育产业部门买家、政府参与的采购基金和托管基金、商业化运作的碳基金、银行类买家和其他类买家，制订发展核证业的规划，指导核证机构和核证市场的健康发展。

（5）合理定价

应多方试点，采取分期、多次拍卖和市场化招投标策略，参考世界碳市场的价格，确定碳配额的基准价格，建立合理的碳配额交易价格形成机制，发挥碳配额调节和配置生产要素的功能。

（6）人才培养

应加强教育培训，提高人才综合素质，逐步加大规划、综合管理、技术支持、统计分析、预警检测、交易操盘、行业研究等方面的人力资源配备。

2.建立碳交易市场的统计监管基础

我国建立碳交易市场的统计监管基础应从以下三个方向着手：

（1）借鉴成熟的经验

学习欧盟在统计报告体系方面的最佳实践经验，建设我国统一的统计监管信息平台。这个平台从功能上可以分为碳排放监测统计报告、配额申请签发管理以及交易管理三方面；从层次上分为中央管理机构、地区主管机构、微观经济单位以及独立的核证／验证机构四个部分；软件主要是相关法规和指导文件，硬件是互联的信息系统。

（2）结合中国具体情况

在我国有较为健全的分工协作的政府系统（包括环保系统、计划部门、气象部门、工业部门等）的基础上形成主管机构，整合已有的规划制定、政策研究、产业减排技术保障、减排政策制定等力量；在地方一级，整合地方环境监管力量，增加温室气体排放监管职能，建立地方一级或分区域建立地方性温室气体排放及交易监管主管机构。中央和地方主管机构应科学分工，各司其职，各负其责。

国家层面的管理体系主要有国家减排和履约规划、国家清单系统、国家GHG注册登记系统、进展报告、配额分配等。具体来说，中央碳排放主管机构职责如下：

第一，国家方案提交和监测程序，履约评估和报告。

第二，创新和发展碳减排政策工具。

第三，根据我国排放贸易推行的基本路线（配额贸易和减排信用贸易政策方向及如何协调），制定我国排放配额分配的基本原则和方法。

第四，制定企业申请排放许可的文件要求，包括对企业自主监测能力的要求、报告内容格式、申请许可排放量核证程序、核证文件要求等。

第五，制定并发布企业温室气体排放监测报告规则指引，对企业履行自主监测的方法、采用的方法学等内容进行规定，对企业排放量报告内容、格式进行规定，对企业配额使用进行说明等。

第六，制定并发布第三方核证机构准入资质标准及核证机构工作规程，制定核证业发展规划，制定企业温室气体排放报告核证要求。

第七，建立并维护国家级温室气体配额签发、持有、流转、注销注册登记系统和平台；制定各地方注册登记系统和平台能够共同适用的、标准统一的、口径一致的注册登记规范，并实现电子数据化和配额使用信息的实时更新；对每一笔配额的签发、转让及撤销记录进行核查和维护；建立与各地配额管理平台信息共享与交流的机制，及时将配额签发、注册系统运行情况、监测机制、排放报告、核证及遵守情况在地方主管机构间进行通报。

第八，适时建立地方配额签发相互承认的机制。

第九，制定和实施激励企业遵守排放监测义务及排放报告义务的政策措施，并优先考虑排放配额奖励和税收减免等手段，激励企业按规定进行监测，并提交排放报告；建立对排放配额使用及交易的检查、核查机制，以审查是否符合规定。

第十，尝试为国内外排放贸易体系、京都灵活机制以及自愿性交易机制的衔接，建立统一的标准和核证系统。

地方碳排放主管机构职责如下：

第一，利用碳交易市场达到碳减排和发展环境经济的目的，拟定温室气体排放及减排地区方案。

第二，主管机构职能设置。

第三，建立配额分配、交易及统计信息的交流合作平台。

第四，依照国家条例和指令的规定，建立本地区监测、核证和报告的制度及工作规则。

第五，对本区域配额进行分配并监督管理配额的使用。

第六，对本区域纳入监管范围的企业和排放实体的排放报告进行审查，以确定是否符合监测报告指引和核证程序的要求。

第七，对本地区排放实体的温室气体排放进行监测统计。

第八，按照统一规格和标准，建立本区域排放配额签发、持有、转让及注销的注册登记系统与平台管理规范。

第九，配合中央主管机构，对地方排放实体配额使用情况和交易情况进行统计和汇总，并按中央平台核查意见，对配额使用情况及交易情况进行复查。

第十，定期上交地方排放监测报告和减排计划执行情况报告。

第十一，指导地方核证机制顺利运转和核证机构的工作。

第十二，建立与其他地方配额签发相互承认的机制，以及地方之间注册系统的对接。

上述均应符合国家关于履约和减排的一致性、透明性、完整性、可比性和准确性要求，并与国家排放贸易相衔接，纳入国家层面登记系统。

（3）开展国际交流和合作

通过开展国际交流和合作，形成我国契合国际 UNFCC 和 KP 框架的监测统计制度和碳交易规则体系，形成体现我国国家利益的碳交易、排放及减排量监测、报告、核证及统计规则，最终形成国内外减排量都可以经由我国内部的核准制度体系进入我国碳减排市场进行交易，从而便利微观经济单位实施碳减排项目和方案。通过参与国际规则的制定，提高我国碳市场的议价能力，提高市场份额和竞争力，促进我国碳交易市场良性发展和迅速扩张。

第四节 绿色金融的发展评估
与创新建议——以上海为例

一、上海绿色金融的发展评估

（一）运行环境

上海经济发达，高端服务业活跃，对高耗能产业的依赖相对较少，可持续发展理念深入人心，节能减排取得显著成效，环境政策持续稳定。上海长期以来全面落实节约资源的基本国策，坚持把节能降耗作为率先转变发展方式的重要抓手，把举办上海世博会作为实现低碳发展的重大契机，积极应对国际金融危机和自身发展转型的挑战，紧紧围绕建设"资源节约型、环境友好型"城市的目标，综合运用法律、经济、技术和必要的行政手段，以结构节能、技术节能、管理节能为三大路径，大力调整落后产能，推进重点工程项目、分布式供能项目，推广可再生能源应用和节能产品惠民工程，节能工作取得显著成效，主要单耗水平显著下降，能源结构持续优化，能源利用效率持续提高。上海市政府形成了一系列高效的政府管理体制和工作机制，为绿色金融的发展营造了积极的运行环境。

（二）机构、业务和产品

受绿色金融市场发展的制约，上海绿色金融的机构、业务和产品还处于不成熟的阶段。不少银行虽然已意识到绿色金融巨大的增长潜力，将绿色盈利作为新的利润增长点，但是由于知识、人才等储备不足，绿色金融相关业务开展并不顺畅，统计基础薄弱、有效信息沟通问题制约着总体绿色金融市场中各家机构、业务和产品的快速发展。

1.机构创新力度不足

相较于部分发达国家，上海金融机构在发展理念、公司治理、风险管控、信贷审批、供应链管理、人力资源管理、办公行政等各个经营环节创新力度不足，绿化程度还有很大发展空间。

2.人才储备不足

商业银行缺乏绿色信贷的专业人员，信贷工作人员对环保法律、法规和政策了解不足，对绿色信贷及淘汰落后产能中涉及的工艺、技术指标缺乏专业认识，了解环境与社会风险信息的来源渠道单一、信息零散。

3.信息沟通有效性不足

目前，掌握环保信息的环保部门与政府金融部门、金融机构之间存在信息不对称，金融机构主要依靠环保部门提供的信息和指导开展绿色信贷业务，这种信息的不对称使得金融机构无法全面掌握相关企业的具体数据、技术指标及环保要求，从而影响了银行审查信贷申请的进程和绿色信贷的执行效果。银企间的信息不对称，对企业相关信息的动态评估影响较大，制约了绿色信贷政策的落实。

4.绿色金融运行作业规范缺失

虽然国际金融领域已经制定了一系列以实现环境、社会责任为目标的自愿性原则，包括赤道原则、责任投资原则，另外还有一些针对可持续发展的也可适用于金融业的自愿性协议，如全球报告倡议的金融服务领域补充协议等，但是国际通用绿色信贷标准条款通常不符合我国实际。目前，上海市同我国其他地区一样，绿色信贷的标准多为综合性、原则性的，缺少具体的绿色信贷指导目录、淘汰落后产能工作的具体执行标准、环境风险评级标准等，导致金融机构介入的制度基础不足，金融资源配置制度设计存在难题，降低了绿色信贷措施的可操作性。

（三）市场

上海具备相对活跃的低碳技术、可再生能源、能效管理等的环境类绿色信贷市场，环境类公司的重组和并购的股票市场，环境类投资基金募集和交易的基金市场，环境类债券发行和交易的债券市场。上海市碳排放交易市场是国内首批碳交易市场试点。随着绿色金融的进一步发展，环境类期货和期权设计和交易、环境类衍生产品、环境类产品证券化的绿色金融衍生品市场将得到创新和发展，但是市场发育比较缓慢，机构的参与热度不足，绿色金融交易量不大。

1.激励机制还需加强

对于注重环境保护工作的企业扶持政策力度不足，"环境守法成本高、违法成本低"的现状没有根本性改变，环保项目无法有效吸引银行业金融机构支持。新技术、新能源、新材料以及循环经济领域市场不确定性大，信贷风险随之增加，而与之相配套的绿色信贷呆账核销、风险准备金计提，以及风险补偿机制缺失，影响了商业银行推进绿色信贷的积极性和主动性。

2.绿色投资引导资源配置作用尚待加强

公共财政资金市场对其他金融市场的主导影响作用不明显；金融市场管理部门、服务机构和市场投融资主体的绿色风险监管和风险管理意识需要进一步提高；需要寻找方法增强绿色金融市场各部分的联动性，加强绿色金融业务和风险的传递性和关联性；应该鼓励银行业承担越来越多的绿色金融市场的服务功能，实现跨市场业务创新不断加快。

二、上海绿色金融创新的建议

为了促进绿色金融市场发育和绿色金融方法创新，政府层面需要在原有工作基础上，探索有针对性的战略和措施。

（一）加强环境激励

加快生态文明建设的重大战略部署，把生态文明建设融入本市经济、文化、社会建设各方面和全过程，优化城市空间布局，大力发展绿色经济、循环经济、低碳经济，提高能源利用效率，改善生态环境质量，积极应对气候变化，努力建设美丽上海，充分发挥节能减排的政策优势，加大和巩固行政方法所能达到的良好效果。具体来说，可以从以下几个方面入手：

第一，明确节能减排和应对气候变化工作目标，制定量化的全市单位生产总值综合能耗、单位生产总值二氧化碳排放量、二氧化硫排放量、氮氧化物排放量、化学需氧量和氨氮排放量削减目标。调整优化产业结构，提高产业整体能级。继续推进石化、钢铁行业和企业调整整合，优化产业布局。

第二，继续加大工业企业落后工艺和设备淘汰力度。优化能源供应结构，持续提升清洁低碳能源比重，继续削减煤炭终端消费，强化能源的高效经济利用。实施绿色制造战略，推广应用高效节能、环境友好、资源节约的技术和装备产品，推动企业节能减排改造。组织实施重点节能技改项目，发展绿色交通，促进交通节能、推广绿色建筑，深化建筑节能、发展循环经济，加强资源节约、推进减排工程，强化监督管理。

第三，坚持标准引领，在挖掘存量节能潜力的同时，更加注重增量准入约束。继续抓好节能低碳相关标准的制定和修订，运用能效标准倒逼机制完善，切实推进能效对标达标工作。

第四，加强大气污染治理，加快燃煤电厂脱硝工程建设，大力推进电厂高效除尘工程，强化机动车控制和重污染车辆淘汰，加快建设污水厂网和污泥处理处置工程，加强扬尘和秸秆焚烧治理。

第五，强化污染减排目标管理责任制，严格实施"批项目、核总量"制度，构建脱硝项目审批"绿色通道"，坚持"清洁发电，绿色调度"，继续强化对重点减排单位的监督管理，确保环保设施正常运行，完成主要污染物年度减排目标。

（二）弥补制度缺失

制度缺失主要是缺少适合市场解决环境问题的制度设计。上海市在政府主导的一系列节能减排行动中取得了很大的成绩，形成了比较有效的制度形式，但是这种行政主导的模式的进一步挖掘潜力受到质疑，很多专家建议建立适合市场的制度以逐步引进市场的方法。一方面，制度的倾向具有路径依赖的特性；另一方面，市场解决方法的经验不足。所以需要不断学习、不断摸索，同时需要处理原有制度之间的协调问题。

1.强调环境立法

针对环境立法滞后于时代发展的现状，改善立法体系的重大结构缺陷、监督管理体制的不合理、具体制度设计的不完善等方面的问题，为绿色金融的健康发展奠定坚实的法治基础。

2.强调科技和市场

依托科技创新，发展节能环保产业，充分发挥科技创新的支撑引领作用，构筑以企业为主体、以市场为导向、产学研用相结合的节能减排科技创新体系。有效发挥市场在资源配置中的决定性作用，以节能环保重点工程和政策机制为驱动，聚焦高端、高效节能环保技术装备和产品，大力发展节能环保产业。加大重点用能减排领域的新技术、新产品推广力度，大力完善和推广合同能源管理机制，积极落实节能减排相关领域的税收政策和金融政策。

3.开展碳排放交易试点

推进低碳发展，应对气候变化，有效控制温室气体排放，积极推进低碳试点示范，扎实推进碳排放交易试点工作，提高应对和适应气候变化的能力。

4.完善经济政策，加强基础工作

加大对节能减排的财政资金投入力度，提高资金使用效率。稳步推进节能环保的价格和收费政策改革，强化金融支持力度。健全法规制度，加强机构队伍建设，夯实培训、统计、监测、计量以及节能认证等基础工作，强化执法监督。

5.完善环境核算制度

以碳交易市场试点为契机,完成两方面的升级转变。

第一,从单纯企业的碳核算到碳交易市场的统计监管升级,通过对发展路径和机制的设计,充实完善统计监管机制的内容和形式。

第二,从碳核算到环境核算内容和范围的扩充,通过碳核算巩固核算、报告和核查制度,在其基础上建立和完善更加丰富的环境核算、报告和核查制度。

(三)加强顶层设计

提高排放的私人成本,使之最终与社会成本持平,从而扩大绿色金融所服务的商品或服务市场的交易规模,形成金融集聚效应。在具体设计上应注意设计以减排为核心的气候变化应对体系、以市场为核心的减排政策安排,以及以总量控制为核心的减排制度框架等一整套从环境税费到碳交易市场的减排政策体系。将环境保护应对事宜置于可持续发展的全盘考虑之中,也就是从可持续发展的角度来考量应对环境保护的各项具体进程。

(四)加强绿色金融系统内的协调

突破由政体的条块分设以及金融管制造成的环境税费、财政资金、绿色信贷、绿色保险、排放权交易等各自为政,绿色金融各方机构以邻为壑、信息闭塞的局面,通过加强绿色金融系统内的协调,开展政府和市场交叉互补的政策设计,激活绿色金融市场,推出"混业经营"的业务和产品。

(五)创新市场沟通机制

上海市除了政府部门协调,还需要建立一种政府支持的交易利益相关者间就环境保护有效沟通的方式,以便在区域范围内构建交易体系框架。这样的沟通机制有助于对以下问题达成共识:区域内部是否应该有一个共同的、有利于公平竞争、透明度高和明确企业法人关系的排放交易体系。这样的沟通机制还有利于调动市场各方特别是参与交易企业的积极性。

（六）融合核算数据的"智慧金融"

上海应该在我国率先研究促进以核算为基础的数据系统和政策过程相互融合的制度安排和技术手段。制度安排能够促进政策过程的"循数管理"，从而将评估作为决策不可缺少的辅助工具，同时"循数"决策要求核算系统具有灵敏的现实适应性。互联网技术是数据开放的主要工具，上海应研究如何使用互联网技术促进评估系统和政策过程的融合。

第六章 "双碳"目标下
绿色金融的体系与发展

第一节 "双碳"目标下
绿色金融体系构建路径

在绿色金融体系构建过程中，既要完善制度体系，提供多维支持，又要加强和创新标准体系和服务体系建设，以此推动中国经济高质量发展。

2020年9月，在第七十五届联合国大会一般性辩论上，国家主席习近平正式宣布："中国将提高国家自主贡献力度，采取更加有力的政策和措施，二氧化碳排放力争于2030年前达到峰值，努力争取2060年前实现碳中和。"

"双碳"目标的提出，不仅是中国推动人类命运共同体顺利构建的使命担当，而且是促进中国经济高质量发展的现实诉求。

近年来，随着一系列政策的执行落地，我国在"双碳"目标的现实推进中已经取得了显著成效，2021年《中国应对气候变化的政策与行动》白皮书显示，相较于2005年碳排放强度，2020年整体下降了48.4个百分点，超额完成了我国向国际社会承诺的到2020年下降40~45个百分点的目标。但"双碳"目标的现实推进，必然会引起经济社会系统深刻的变革，需要金融机构持续深化绿色金融改革，为目标达成提供全方位、强有力的金融支持，这也决定了当前绿色金融体系构建的必要性与重要性。

一、现实诉求

（一）经济绿色复苏的现实诉求

后疫情时代，经济复苏成为各国发展的重点与难点，相比于以往以刺激重工业、化石燃料工业为主的复苏方案，绿色复苏显然更具拉动力，且能够长效推动经济的健康发展。"双碳"目标的达成需要庞大的资金投入，这就需要充分发挥金融资源配置的优势效能，全面刺激低碳经济发展活力，抑制高能耗、高污染产业投资，积极引导社会资本向绿色低碳产业输入。

另外，因财政资金扶持的效力有限，还需要采用市场化手段激发社会资金介入的积极性，由金融支持形成碳金融市场，有序释放碳价信号，进而吸引社会优质资源流向低碳产业，助推经济绿色复苏。也就是说，经济绿色复苏及绿色发展离不开绿色金融体系的全面支持。

（二）能源结构转型的现实诉求

在经济绿色复苏的大前提下，要想实现"双碳"目标，就需要改善当前能源结构失衡的局面，加快产业升级转型发展，重点做好传统能源工业的资金支持工作。一方面，为了达到"双碳"目标，要加大传统油气行业的投资力度，以确保市场稳定。另一方面，能源结构转型必然会带来较大的资金缺口，需要金融体系从整体维度引导社会资本的流入。2015 年，中国环境与发展国际合作委员会就做出过计算，2014—2030 年，低、中、高三个方案的绿色金融资金需求分别为 40.3 万亿元、70.1 万亿元、123.4 万亿元。其中，85% 左右的资金需求需要依赖社会资本投入，这就决定了金融结构转型的必然性与应然性。

（三）企业绿色转型的现实诉求

在经济绿色复苏的过程中，传统能源型企业绿色转型必然离不开巨大的资金支持，而要想实现这一点，就需要完善的绿色金融体系予以引导。一方面，传统能源型企业绿色转型具有融资需求多元化特征。除基本的信贷业务外，许多能源型企业需要通过金融市场丰富融资方式，通过碳金融创新拓展融资渠道，吸引更多优质民间资本和外资参与企业投融资，以提高企业绿色转型的融资效率，降低融资成本。另一方面，借助金融力量不仅能够吸引大量信贷资金流向绿色产业，而且能够利用金融市场合理引导企业绿色融资行为，对传统能源型企业节能减排行为实施约束，进而有效规避因过度淘汰高耗能产业而产生的贷款违约、资产减值等金融风险。

二、现实挑战

（一）制度体系

就现状来讲，中国绿色金融相关顶层制度的系统架构不完备，配套法律法规体系不健全，导致政策执行效力不高，金融支持核心效能不高。目前，除《中华人民共和国环境保护法》外，绿色金融领域缺乏高位立法，大多是地方性法规，如《深圳经济特区绿色金融条例》，没有形成整体的法律约束性。另外，我国没有构建完善的碳金融市场框架，在助力"双碳"目标达成的金融支持发展中也缺乏相应的配套激励制度。现行政策缺乏扶持性、引导性，导致各方参与主体主观意愿不强。此外，我国碳交易市场制度不统一，地方在碳交易主体范围、配额分配、履约机制等方面存在较大差异，没有形成全国统一的碳交易市场，再加上财政、税收政策的支持有限，导致金融支持"双碳"目标达成的核心效能受到抑制。

（二）标准体系

虽然目前绿色金融标准已经覆盖了节能环保、绿色建筑、绿色交通等领域，并依据产业特性推出了系列化金融产品，但环境效益评价、碳排放核算方式、信息披露等标准缺失，使得相关项目的金融支持主要停留在项目建设阶段，缺少对运营阶段的有效支持，再加上金融业与其他行业之间存在制度壁垒，导致许多优秀运营项目无法得到优质金融支持。另外，随着产业结构升级转型，产业链多元化趋势日益明显，单一的绿色金融标准很难实现产业全覆盖，如多晶硅等原材料的提取制造被归入高耗能的有色金属行业，但它却是新能源行业的核心构成，相对笼统的绿色金融标准与持续细化的产业分工之间出现了严重的错配，不仅阻碍了绿色产业链的健康发展，而且制约了绿色金融在绿色行业的深层渗透。

（三）金融服务体系

当前国内的绿色金融产品家族中，绿色信贷占比最高，其次是绿色债券，其他都是一些小众化产品，如绿色基金、绿色保险、碳金融衍生产品等。显然，这种结构集中、产品单一的金融服务体系，很难满足绿色金融创新发展的现实要求。新时代，创新发展已经成为经济发展的核心驱动，而新技术、新业态的发展离不开中长期的资金投入。为了降低投资风险，就需要通过完善的风险缓释机制为投资者提供安全保障。而要想达成上述目标，就必须打破传统金融结构的融资惯性，构建层次化、开放化的金融服务体系，充分发挥绿色技术的风险管控作用，充分满足不同层次市场主体的投融资需求。但就现状来讲，绿色金融支持科技创新的力度不够，相关风险缓释机制建设滞后，直接融资规模较小，无法有效满足"双碳"背景下绿色企业创新发展的实际需求。

三、构建路径

（一）完善制度体系，提供多维支持

构建完善的中国绿色金融制度体系，是发挥"双碳"目标达成中绿色金融优势效能的重要前提，相关监管部门及服务机构必须加强顶层设计，从政策制度、法律制度两方面入手，为绿色金融发展提供可靠支持。

一是加强碳金融法律法规建设。中国要在充分学习借鉴国外有关碳市场建设成功经验的基础上，瞄准国际前沿动态，立足国内发展实际，尽快制定出台专门的碳排放交易法，规范相关市场主体行为，优化碳金融发展的商业环境。另外，可以将碳金融相关地方性文件中有价值的条文内容上升为地方性法规，提高其约束效力和执行效力。有关部门要做好碳排放权分配标准、交易规则的细分工作，并以法律形式强化超标排放企业的责任认定，并制定相应的奖惩措施，促进中国碳金融市场有序、健康发展。

二是加强碳金融市场交易制度建设。建设完善的碳金融市场交易制度是一个动态的系统过程，需要根据碳市场发展的动态特征进行灵活架构。例如，在碳金融产品定价时，政府要构建完善的信息披露机制，约束二级市场交易的失范行为，并在实施碳金融产品定价时，参照国际规则标准进行科学定价，打通与国际碳金融交易市场的定价渠道。

三是加强碳金融激励制度建设。在"双碳"目标的达成过程中，针对激励性、引导性政策少的问题，政府要适时通过税收减免、加大支出的方式鼓励企业创新，激发企业参与碳金融市场的积极性。金融机构则要加强贷款机制的优化建设，重点为企业绿色低碳转型的项目融资提供专项、高效的贷款服务。此外，在绿色银行评选中，央行应该将银行资产碳足迹纳入指标体系，激励银行加强绿色创新与实践，多维度推动碳金融市场健康发展。

（二）构建标准体系，确保高效推进

我国要紧紧围绕"双碳"的目标定位，构建完善的绿色金融标准体系，并利用技术手段进行动态监测，及时淘汰企业非绿色项目，规范金融机构的绿色金融行为，在避免金融浪费的同时，切实增强"双碳"目标推进的精准性与高效性。

一是制定常态化通用目录。2015 年以来，政府相关部门和央行先后出台了有关企业绿色项目界定、信息披露制度、绿色债券发行、募集资金管理等的政策文件，如《绿色产业指导目录》《关于加快建立健全绿色低碳循环发展经济体系的指导意见》《绿色债券支持项目目录（2021 年版）》等，有效促进了绿色债券发行的崛起式发展。但客观来讲，这些政策文件在标准的界定范围、执行标准、实施流程、奖惩措施等方面的协调度有待提升。建议相关部门加强协作，在参照国外《绿色债券原则》《气候债券标准》等的基础上，对国内现有绿色项目实施整合，消除不同标准之间的分歧，进而为绿色金融服务主体与客体提供全面且明确的绿色金融项目标准。

二是统一绿色项目认证标准。当前，国内有关绿色项目认证的规定缺乏官方界定，现行绿色金融业务都是采用的非官方标准，不同认证机构有着各自的绿色项目认证标准。这就需要我国尽快出台官方文件，统一绿色项目认证标准，确保绿色项目认证评级趋于规范、统一，规避权力真空、暗箱操作等问题。

三是完善绿色标准评价体系。我国应引导成立绿色信用评价方面的专业课题组，充分征求社会各方的专业意见，将绿色标准评价结果纳入基础数据库，持续深化绿色金融标准在信息对接平台评价领域的下沉应用，并在吸纳高校、专业学术机构、非政府组织有效建议的基础上，构建完善的绿色标准评价体系，切实把握相关标准的执行情况，确保绿色金融标准的持续优化。

（三）优化服务体系，加强创新实践

在"双碳"目标推进中，金融服务的支撑性更多体现在产品创新上，要求金融机构在不断提高自身创新能力的基础上，提高绿色金融产品支持的深度和广度，构建全面渗透、多维特色的绿色金融服务体系。

一是加强信息技术创新应用。加强大数据、云计算、区块链等信息技术在绿色金融领域的下沉应用，全面实现绿色项目的精准识别、痕迹管理、风险管控、效益评价、智能推送等，在确保数据规范、安全、可靠的基础上，提高金融机构成本效率，以及促进绿色标准统计的深层推广。

二是加强融资管理模式优化革新。加强绿色信贷的流程改造，重点开发支持低碳生产、绿色建设、绿色交通等信贷产品；加强绿色证券产品创新研发，积极拓展碳金融衍生品市场，如碳基金、碳期权等，强化市场有效风险对冲，完善风险缓冲机制；加强绿色基金产品多样化建设，丰富绿色基金融资方式，引导公募基金、私募基金、养老金、保险资管等机构投资者构建绿色投资与ESG（环境、社会和公司治理）策略体系，积极引入绿色定价、绿色发展理念，持续优化投资评估机制和资产组合配置；加强金融机构间的协作联动，构建风险共担的融资管理机制，精准推送绿色信贷产品，重点打造以稳定性见长的绿色金融理财业务。

三是加强绿色保险产品创新。在"双碳"目标的推进中，充分发挥绿色保险的风险缓释作用，深入研究绿色保险与产业创新转型的逻辑机制，并采取有效措施提高双方的适配度，持续扩大绿色保险种类、范围，全面为绿色转型、绿色科技创新的能源型企业提供增信。

总而言之，"双碳"背景下中国绿色金融体系的构建具有非常强的时代应然性与现实必要性，相关主体必须加强现状审视，把握绿色金融的内涵价值、逻辑脉络和现实挑战，然后围绕各自的角色定位，采取有效措施积极寻求有效的构建路径。归纳来讲，在"双碳"背景下中国绿色金融体系的构建过程中，既要完善制度体系，提供多维支持，又要构建标准体系，确保高效推进，同时

要优化服务体系，加强创新实践。只有如此，才能充分发挥绿色金融的优势效能，助推"双碳"目标的顺利达成，以及中国经济的高质量发展。

第二节 "双碳"目标下
我国绿色金融发展对策

随着我国"双碳"目标的落地，建设结构合理的绿色金融体系被放在了十分重要的位置上。在绿色资金投放数量增加的同时，资金投放领域更加清晰。

实现"双碳"目标是一场深刻的社会变革，中国要推动产业结构转型升级，实现绿色可持续发展，归根结底是要转变经济发展方式，转变生产方式，逐步构建环境污染小、资源消耗少和科技含量高的生产方式。绿色金融能为绿色技术的研发、绿色项目的落地和绿色企业的成长提供市场化的资金支持。因此，绿色金融的发展是关系到中国产业转型升级的重要大事。

一、绿色金融促进经济可持续发展

早期的"绿色"理念主要涉及实体经济领域，提倡构建现代化的工业体系，在发展经济的同时，关注环境保护、碳排放、生物多样性等问题，以实现可持续发展。随着世界各国对环境保护越来越重视，"绿色"概念开始渗入金融领域，绿色金融被界定为运用金融手段引导社会资金投向环保、新能源、新技术等领域的经济活动，其目的是应对气候变暖等环境问题。

绿色金融不仅包括金融机构提供的金融服务，也包括以政府为主体的金融政策，以及以企业为主体的风险管理、战略发展等事项。绿色金融通过调节融资的成本、期限、准入标准等方式，影响企业的生产经营决策，形成正向引导作用，推动企业技术创新和绿色转型。

（一）贯彻新发展理念的必然要求

绿色发展作为"五位一体"新发展理念的重要组成部分，科学回答了发展方式的问题。改革开放以来，我国经济社会发展取得了举世瞩目的成就，但迈入新的发展阶段，面对第二个百年奋斗目标，需要重新审视传统的发展方式，认识到国际关系复杂性、社会矛盾转变、经济社会发展不平衡等问题，将提升经济发展质量作为社会主义现代化建设的重要任务。

经济高质量发展需要通过转变生产方式来实现，就是要处理好发展生产力和保护生态环境之间的关系。加强社会各主体的环保意识，不仅要靠宣传，同时要将经营行为与经济回报关联，构建市场化的运作机制，增加污染环境的经济代价，为保护环境的行为提供合理的经济回报。在这个绿色发展机制内，绿色金融处在关键一环。

（二）推进生态文明建设的重要保障

经济发展与环境保护是既统一又矛盾的，长远来看，加大对生态保护的投入是事关人类生存和经济健康可持续发展的投入，同时经济的发展能够为保护环境提供所需的物质支持。短期来看，社会的资金量是相对有限的，保护环境必然会占用大量资金，这将减缓经济增长速度。

因此，正确处理发展与保护的关系，要站在可持续发展的全局，将环境保护融入经济金融政策之中，发挥金融对资金流向、利率调节、杠杆作用的影响，引导资金向节能环保行业聚集，通过影响高耗能、高污染行业的投资成本和投资收益，引导投资人自发减少此类投资，利用金融的绿色化推动产业绿色化，构建绿色导向的经济运行体系，加快推动生态文明建设，实现生活方式和生产方式的全面绿色转型。

二、我国绿色金融发展现状

（一）投放规模不断扩大

金融机构支持低碳环保行业的资金规模不断扩大。统计数据显示，截至2021年末，我国本外币绿色贷款余额达到15.9万亿元，同比增长33%。绿色金融业务在我国被重视不过近10年时间，但在国家的重视和引导，以及各金融机构的积极配合下，业务规模不断扩大，目前存量规模已跃居全球首位。

随着绿色低碳与可持续发展理念的传播与深入，绿色债券在募集资金上的作用受到重视，鼓励绿色债券发行、扩大债券发行范围、丰富债券品种成为近年来政策的主要发力点。2021年，我国绿色债券发行总量达到485期，其中包括资产支持证券，相比2020年216期的发行量，增加一倍多。从发行规模看，2021年的体量也非常可观，6 075.42亿元的发行规模远超2020年，增速达到172.58%。从发行人数量上看，2021年共有246家机构参与到绿色债券发行，其中179家为新增发行人，也就是说有过半数的发行机构首次进入绿色债券发行市场。通过以上数据不难看出我国绿色债券市场正在蓬勃发展，有着广阔的增长空间。

（二）投资领域更加清晰

在促进绿色资金投放数量增加的同时，资金投放领域更加清晰。绿色信贷方面，资金主要投向为基础设施绿色升级产业，2021年末贷款余额为7.4万亿元，占比为46.54%，其次为清洁能源和节能环保产业。绿色债券方面，募集资金用途与绿色信贷较为相似，主要用于清洁能源和基础设施的绿色升级产业，2021年二至四季度的数据显示，清洁能源产业募集资金占比35.67%、基础设施绿色升级产业募集资金占比 20.41%、节能环保产业募集资金占比 4.54%。可以看出在政策引导的作用下，社会资金在逐步向以清洁能源、基础设施绿色升级产业和节能环保产业为中心的绿色产业聚集。

（三）现有激励机制不完善

发展绿色金融的初衷是为清洁能源、环境保护、节能减排、绿色建筑等相关领域的项目提供金融服务，相对于一般项目，绿色项目在运营过程中普遍存在项目开发周期长、收益性低和资金需求量大的特点，这对于投资人意味着较高的投资风险和较低的投资回报率。绿色项目效益的考量却不能简单地依据其利润率的高低，同时还要考虑项目的正外部性的大小，很可能出现一项具有较大正外部性影响的优质项目却在营利性上表现欠佳的情况。这对于金融机构或直接投资人来说是不可忽视的问题，因为其经营或投资的主要目的是在安全的基础上尽可能多地获取经济利润。

绿色项目的效益与投资人的利益之间出现矛盾，仅仅依靠市场的力量难以平衡这对矛盾，为应对这一现象，我国已颁布了一些激励政策，但这些政策多集中在绿色信贷和绿色债券两类金融工具上，激励政策的措施较为单一、力度不大、覆盖的产业领域和产品范围不够全面。

一方面由于激励政策未能兼顾各类金融工具，不能调动金融机构开发多样化绿色金融产品的积极性，不利于构建丰富多样的绿色金融体系；另一方面激励政策的作用对象多为金融机构，而对作为金融产品需求方的投资者激励政策不多，关注度不高。随着绿色金融产品供给数量逐年攀升，若投资人投资意愿未能紧跟增长步伐，则会出现供求不平衡的现象，在市场规律的作用下将影响相关金融产品的扩张，进而导致绿色金融支持作用的后继乏力。

（四）信息披露制度不健全

信息披露是上市公司应监管部门要求，为接受社会公众监督、保障投资者利益，依法将一定时期内的财务数据、经营状况等可能对投资者决策产生影响的信息向公众披露的行为，良好的信息披露质量能对融资产生促进作用。环境信息是绿色金融参与者衡量项目环境治理效果的重要参考指标，被充分披露的项目相关的环境信息数据是投资者决策和监督的重要信息来源。建立健全信息披露制度是实现绿色金融"可测度、可核查、可验证"的关键一环。

现阶段，我国虽要求上市公司按照相关部门的要求披露环境信息，重点关注对象为对环境有较大影响的企业，但并未完全强制执行，披露信息多为描述性文本，披露标准不够细致，难以量化。而对金融机构的绿色信贷和绿色债券的信息披露要求主要为定期公布募集资金的使用情况，还停留在数据统计阶段。若想发挥好信息披露制度在绿色金融管理中的引导和监督作用，就需要改变目前信息披露手段、标准、指标等的不完善和规范性问题，并在制度层面逐步强化信息披露的强制性要求。

（五）产品结构单一

在政府主导的绿色金融发展模式下，金融机构在研发产品时往往向政策导向看齐，这集中反映在我国现有绿色金融产品结构之中。近年来，我国绿色信贷、绿色债券、绿色基金和绿色保险的发行规模增长显著，但绿色信贷和绿色债券仍占有绝对比重，产品种类单一，创新型产品占比较少，难以完全满足环保产业的多样化融资需求，造成资源配置的不均衡，限制了绿色金融的发展。

三、促进绿色金融健康发展的对策

（一）建立公正透明的评价与激励机制

随着我国经济的绿色转型发展的不断深化，绿色金融不仅起到促进环保产业发展的作用，还担负着优化资源配置的职能，因此引导各方主体参与绿色金融事业成为促进绿色金融发展的一项重要工作，而建立公正透明的评价与激励机制则是有效手段。在现行央行和银行业协会公布的评价方案基础上，应进一步强化评价指标的引导作用，引领社会资源流向政策主导的领域。

同时，鼓励金融机构开展内部自评和第三方评估工作，丰富评价维度，变被动为主动；强化评价结果的运用效果，将评价结果纳入地方政府和金融机构的考核指标，适当增加其考核权重，建立公正透明的评价与激励机制；灵活运用央行货币政策工具，结合信贷优惠、税收政策、还款条件等形式多样的激励措施，丰富市场化调节手段。

（二）建立与国际接轨的 ESG 信息披露体系

联合国环境规划署提出的 ESG 相关信息披露，侧重环境、社会责任、公司治理方面的非财务信息。包括美国、日本、欧盟在内的国家和组织以此为基础构建了自己的信息披露标准，我国在构建信息披露标准时应兼顾自身经济发展特色与国际标准的适度融合，这将为我国绿色金融的开放发展打下基础。在指标的设置上应兼顾普遍性与特殊性，既有类似环境效益、资金投放量、项目进度的普遍指标，又有针对不同项目特点的特殊指标。

在完善对绿色债券和绿色信贷的信息披露要求的同时，加快推进信托、基金、保险等绿色金融产品信息披露标准的制定，逐步构建起覆盖范围全面、评价标准明确、指标可量化的绿色金融信息披露体系。同时还要加强企业和投资者教育工作，强化环保责任意识，推进信息披露强制化进程，督促企业依法履行信息披露义务。

（三）加快推进绿色金融产品创新

尽管近几年我国绿色金融发展迅猛，绿色信贷和绿色债券规模均位居全球前列，但相对于实现"双碳"目标的巨额资金需求而言，仍有较大差距。因此，应通过推进绿色金融产品创新与研发，建立多层次绿色金融市场体系，丰富融资渠道，吸引场外资本参与。

一是要拓宽已有绿色金融产品的投放范围，增加投放量，提升服务低碳经济的质量。

二是要根据各类绿色产业的融资特点，灵活运用保险、租赁、基金等多样化的绿色金融产品，使金融服务更贴合项目需求。

三是要继续推进绿色金融产品标准化进程，加快绿色金融产品发行市场和交易市场建设，提升相关产品的发行效率和流动性，形成产品丰富、运转高效的绿色金融产品市场。

第七章　绿色金融的
发展阶段及展望

第一节　绿色金融的发展阶段

一、绿色金融的发展概述

纵观绿色金融市场中的各参与主体（政府、企业、消费者、金融机构、第三方机构等），不难看出绿色金融市场仍主要由政府通过行政手段主导发展。政府以监管企业排放为主，以税收歧视、定向采购、绿色信用担保、直接投资为辅，调动企业进行产业升级和绿色化的积极性，同时引导鼓励商业银行、投资银行等金融机构接受并主动开放绿色投资业务、绿色金融衍生品业务等，或直接设置行政性金融机构以发放绿色金融产品。

由于绿色产业化需付出额外成本，若无外界压力，则企业对绿色金融业务或绿色化升级的参与意愿较低。多数企业仍是迫于政府的监管压力而被动进行整改，且在此过程中由于环保部门和企业间存在信息不对称，偷排漏排等躲避监管的污染行为频发。

此外，风险投资公司等金融机构往往单纯追逐投资回收期短、回报率高的项目，而忽视项目的潜在环境风险，提供融资等服务时大多不区分绿色项目与棕色项目。

而且，除政策性金融机构外，金融机构所发放的绿色金融产品种类数量很少,难以满足企业进行绿色化升级的需求。一些消费者对环境保护的关心程度不足,不区分绿色产品与高污染产品、绿色金融产品与非绿色金融产品,而是单一追求低廉价格或高收益率。绿色金融产品往往是新进入市场的产品,用户基础薄弱,在规模经济上较其他产品居于劣势,价格往往较高,加之我国消费者对金融市场的参与度整体较低,因而只有少数环保意识很强的消费者会主动选择,这导致绿色(金融)产品的竞争力进一步削弱。

从绿色金融市场各参与主体的效用来源分析,消费者希望满足自己的物质和精神诉求,其效用来源于收入水平、消费水平、居住地的环境水平等要素,消费者的环境保护意识取决于环境水平对他效用的贡献。在经典经济学模型中,企业的经营目的是利润最大化,其效用来源于营业成本、销售收入、融资难易等。其中,企业的销售收入与消费者的购买选择密切相关,融资情况受到金融机构对该金融产品供给的影响较大。金融机构是特殊的企业,其目的同样是利润最大化,金融机构的收入来源——金融产品交易量,取决于消费者对该金融产品的需求和认可度。关心环保问题的第三方机构着力于提升影响力,若消费者具有更高的环保意识,则第三方机构将具有更大的社会话语权和更强的环境影响力。

总而言之,在消费者—企业—金融机构—第三方机构所构成的绿色金融体系中,如果消费者具有较高的环境保护意识、关注环境问题、谴责其他主体不利于环保的行为,那么一方面将增加社会中生产绿色产品企业的利润,推动规模效应,实现绿色产品的廉价化并提升绿色企业在市场中的地位;另一方面能够进一步扩大消费者对绿色金融产品的需求,激励金融机构扩大绿色金融产品供给、开发新绿色金融产品,在支持绿色企业进一步融资发展的同时为金融市场注入了新的驱动力,在防范系统性风险的同时促进金融市场的进一步发展。此外,消费者高度的环保意识能放大第三方环保机构影响力,使其对企业、金融机构的舆论监督力显著提升,成为针对污染行为的强大抑制力,充分发挥第三方机构的环境保护价值。由此可见,消费者的环保意识和参与激励是绿色金融自主发展的关键,未来绿色金融的发展机遇就在于此。

在我国,政府也是绿色金融的重要参与主体,其效用来源于国民生活水平和国际影响力。由于在消费者环保意识驱动下的绿色金融市场的发展有利于实现社会最优,提升全社会的福利水平,所以政府需要引导消费者积极参与绿色金融市场。

由此我们可以预测,政府将在一段时间内以增强消费者环境意识为目标,继续以政府为主导发展绿色金融市场和环境保护产业,这一阶段称为绿色化阶段。在消费者具有足够的环保意识后,政府将逐渐退出市场,以消费者的参与激励为主导令绿色金融市场自发运行直至绿色化成为整个金融市场的普遍观念,这一阶段称为去绿色化阶段。

二、绿色化阶段

(一)绿色化阶段概述

在绿色金融发展的初级阶段,消费者、企业和商业金融机构均未形成环境友好的正向激励,因此需要政府在这一阶段中采取一系列措施,起到核心推动作用。具体体现在一方面加强监管,必要时继续执行强制行政手段,内部化金融市场各主体的非绿色化行为造成的外部性;另一方面通过发放实际货币补贴,鼓励上述经济个体的绿色行为,双管齐下推动金融行业乃至于社会整体的绿色化进程。

(二)绿色化阶段交互分析

绿色金融发展各种机构的相互作用如图7-1所示。

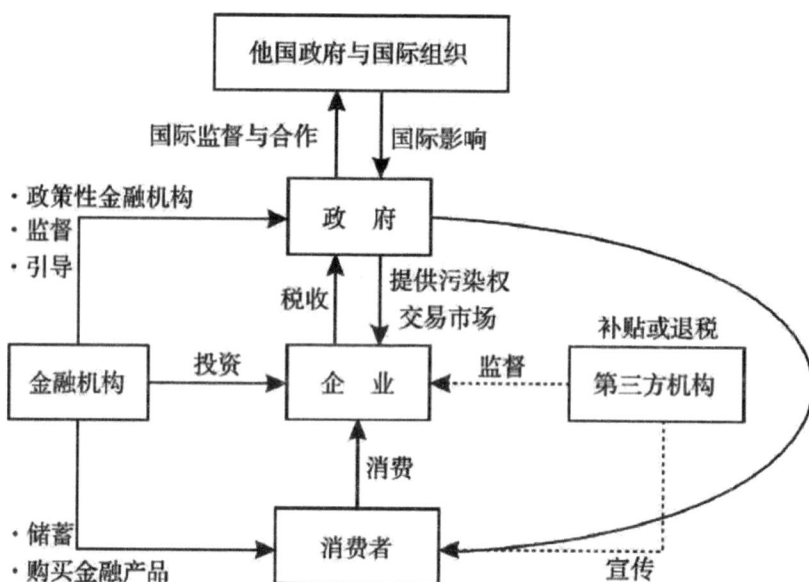

图 7-1 绿色金融发展各种机构的相互作用

1.政府与消费者的交互

在绿色化阶段，消费者效用函数中"绿色"行为的占比较低，其原因主要有以下两个方面：

第一，从主观意愿来看，消费者普遍未形成环保意识，不会直接选择购买自己不熟悉、不信任且可能价格较高的环保产品，抑或是采取可能对生活造成不便的绿色生活方式。

第二，从客观条件来看，由于上游产业信息不透明，国家对绿色产业的分级评分制度不完善，消费者无法区分绿色产品和非绿色产品，因而无法自主选择购买环保产品，抑或是在金融市场上为绿色产业投资。

政府亟须进一步提高广大普通消费者的环保意识，调整其效用函数从重个人利益向重社会利益与责任倾斜，督促其在社会生活的各方面采取绿色生活方式、购买环保产品。截至 2018 年 6 月 1 日，政府主要通过强制行政措施对个人的非绿色行为进行惩罚与限制，例如北京市政府采取单双号限行的方式来限制市民的私家车使用，减少空气污染。然而这一类行政手段针对普通消费者的单个行为，过于细节化，维度单一，明显无法满足绿色化阶段对个人在社会生活各领域全面形成绿色生活习惯、采取绿色行为的要求。

为了解决这一问题，吸取新出现的绿色金融全新技术载体（蚂蚁森林、深圳市绿色出行碳账户）的优秀经验，可以采取泛化的绿色账户方式，让政府为消费者广泛的绿色行为买单。这一"绿色账户"机制具体体现为：将普通消费者生活中的环保行为作为"货币"积累，政府定期依据个人的虚拟绿色货币积累量给予成比例兑换的实际货币补贴。

为了起到引导消费者形成全方位环保习惯的目的，设想中的"绿色账户"应比上述提到的现有技术载体囊括更广泛的内容，大致可以分为以下几个方面：

第一，绿色出行，包括使用公共交通工具出行的次数，购买新能源汽车的金额、出行次数等。

第二，绿色消费，包括在超市中购买已经认定的绿色、有机食品（土壤无公害）的金额，采取电子支付方式付款的次数与金额等。

第三，绿色投资，包括向银行等金融机构购买的绿色基金、债券项目的金额等。

第四，绿色公益，包括向致力于环保的公益机构捐款金额，参加义卖、义务捐献推动旧商品的二次利用等。

上述行为均可以根据权重转换为个人的"绿色货币"计入"绿色账户"中，由政府定期予以结算，以成比例货币补贴的形式返还给消费者，作为对其绿色行为的鼓励。这样可以使消费者逐渐将绿色的生活方式与消费行为内化为其效用函数的组成部分，对此种"绿色补贴"的依赖度逐渐降低，从而使得环保逐步成为其精神追求，使社会整体朝着去绿色化阶段转型。

2.政府与企业的交互

在绿色化阶段，部分企业仍采取传统高能耗、高污染的生产方式，以污染环境为代价追求商业利益。部分企业的决策者仍对创新企业绿色生产方式抱有顾虑，认为采取减排与其他绿色环保技术将极大地提高成本，从而使企业在市场价格竞争中处于不利地位。

　　针对这一现实情况，政府对企业层面绿色行为的促进措施主要可划分为"堵"与"疏"两方面。"堵"即利用传统行政手段对高污染、高耗能企业进行惩罚，如罚款、强制责令整改甚至停工等。"疏"即一方面对创新绿色生产方式，高质量完成减排任务的企业提供政策优待、扶持与资金补贴；另一方面通过市场机制设计，确定区域内环保目标（污染总量），引导企业自行达到节能减排的目的。目前，我国的市场机制包括设计较完善、覆盖面较广的碳排放权交易市场，以及仍处于萌芽期的水权、排污权交易市场等。在下一步绿色金融体系建设中，中国类似的污染治理市场机制需要在横向范围及纵向深度上都有进一步发展。

　　从横向广度的角度看，在碳排放交易方面，自我国从 2013 年启动区域碳市场以来，建立的 9 个区域碳市场大多集中在经济较发达地区。空气质量长期较差的河北诸城市，以及同被生态环境部列为空气质量检测重点区域的长三角与珠三角区域参与度较低，而全国性的碳排放权交易市场仅包括电力这一行业，总体情况仍处在试点地区向全国发展的过渡阶段。

　　在排污权交易方面，我国的排污权交易始于 20 世纪七八十年代，截至 2018 年 6 月 1 日，共有 28 个省份开始试点，其中 11 个省份为国家试点，然而这些试点省份普遍存在初始排污权分配和出让定价方法差异大、部分省份交易不活跃、部分企业积极性不足等多个问题。

　　综上所述，推动区域、流域与全国环境整体协调发展需要扩大此类排污权交易市场的规模，使其不局限在单个省份、地级市乃至区县范围中，而是在污染严重的地区建立跨区域的大规模排污权交易市场，以期提升整个区域内的环境质量。然而，区域统整乃至于全国性的排污权交易市场的建立和实施在实际中仍困难重重，需要中央政府调整现有管理模式中的问题，各级政府协调、统整区域中的问题。

　　从纵向深度，也即排污权市场交易机制设计本身来看，截至 2018 年 6 月 1 日，我国各地交易市场机制在实践过程中仍存在种种问题。在顶层设计方面，碳交易的部分试点省市出现了由政府机制设置不当造成的配额发放过多，约束过松等问题。对包括碳排放交易市场在内的众多排污权交易机制而言，首先需要多方参与的科学顶层设计，考虑政府、学界、第三方组织共同参与市场的设计与评估，避免政府"一言堂"，导致市场作用无法发挥；同时通过多方协作，统一标准，制定科学的检测核算系统。地方政府在确定阶段减排目标时需要明确绿色化阶段的目的并非仅为污染控制，而是地方产业结构与企业生产方式向绿色、环保转型，因此在制定配额标准时需考虑到地方产业结构转型带来的影响，不能仅仅根据生态环境部下达的减排总量决定，而是需要依据成本效益分析，科学确定减排企业，进而基于减排企业的实际排放量制定总额削减量，最后采取行业统一的排污值绩效确定每个企业的年度配额标准。

在本阶段采取市场机制减排，推动绿色化发展时，政府仍需要采取一系列与其相适应的行政措施起辅助作用，如加强对重点企业的监管督查，对仍超出排污限额的企业采取更严厉的惩罚措施等，以弥补市场初步建立时出现的问题。

3.政府与国外各级机构、组织的交互

鉴于环境保护的特殊性，一方面，同一国家的不同地区，同一大洲的不同国家乃至于全球气候环境都具有整体性，各地环境牵一发动全身；另一方面，由于同一区域不同行政地域的经济发展水平不同，在环境保护中应承担共同而有区别的责任。面对不同的金融市场发展水平，各国绿色金融发展的侧重点不同，在未来面临的挑战也不尽相同。

（1）联合国等政府间全球性国际合作组织

在本阶段，联合国等政府间全球性国际合作组织仍要从如下两个方面推动全球金融行业全面、平衡的绿色化进程。

其一，维护各国间达成的共同环境保护目标的稳定，为各国政府推动未来绿色金融行业的发展释放全球性的政策信号。联合国等政府间全球性国际合作组织应继续为形成国际环境治理新格局而推动成员国之间的深度对话与谈判，以期维护全球性的环境保护目标，引导各成员国制定本国阶段性发展目标，同时进一步深化、明确国际绿色金融行业基准，鼓励推动更多成员国参与，为资金在绿色金融体系内的全球流动提供制度保障，扫除因各国绿色债券、投资等

审核标准不同造成的投资障碍。

其二，在实践手段层面，全球性国际合作组织主要应利用其国际融资能力与国际影响力为低收入成员国的环境保护项目提供多渠道资金来源支持，用金融手段引导全球环境治理均衡化发展。措施包括建立基金会，为各国尤其是发展中国家的可持续项目直接提供资金，或利用其国际影响力为欠发达地区的环境保护项目与旨在创新推动本国绿色化进程的私营企业提供融资担保与额外补贴，以刺激私人资本注入。

《京都议定书》过期后，为促进不同发展水平的国家共同达到减排目标而设立的清洁发展机制也随之失效。然而，CDM 所倡导的建立全球性的市场机制以促进绿色投资资金流动，达成全球减排目标的方法仍值得在绿色化阶段得到进一步深入发展。同时，《巴黎协定》中提出了可持续发展机制（Sustainable Development Mechanism, SDM）的设想。

作为 CDM 的后继，SDM 计划扩展了 CDM 中的资金流向，使其不局限于从发达国家流向发展中国家，而是从全球视角出发，任何国家均可以通过向他国提供资金与技术支持获得经核准的减排量。除此之外，在 SDM 抑或是其他后续机制中，"减排抵消额"应有更宽泛的应用领域。由于《京都议定书》与《巴黎协定》的限制，"减排抵消额"仅限于二氧化碳气体的排放。在绿色化阶段，核准减排量可以测算任何易测算与监控的全球性污染源。

（2）区域性合作组织

区域性合作组织在承接全球性组织制定的纲领性环保减排目标的同时，应基于区域发展特征做出适当调整，促进区域内政府、私营金融机构领导人、学界和社会人士之间的信息流动，扩大能力建设学习网络，引导绿色金融领域国家之间连贯一致、合作统筹的政策实施。区域性的多边开发银行，应继续发挥对区域内营利性金融市场的政策引导作用，在公共资本与私人资本之间搭建桥梁，并推动地区融资金融机制与工具的创新。各多边开发银行之间，特别是绿色金融机制与体系较完善的发达国家银行应加强与发展中国家地区的多边开发银行之间的深度交流与合作，从地区层面推动全球绿色金融体制框架的建设，促进国际绿色金融融资标准化，创新金融机制、产品的信息共享。

4.中央政府与地方政府

在中国，中央政府需要履行国际环保承诺。在生态环境部制定统一减排目标的同时，因经济发展水平差异，不同地方政府的环保意愿差异明显，欠发达地区迫于经济增长抑或是官员考核的压力，对部分税收收入高、对地方GDP贡献大的"两高一剩"企业有较高的容忍度。因此，中央政府和地方政府需要设置合理的机制来降低政府层面的潜在阻力。

除此之外，我国政府的环境治理体系存在较大问题，鉴于经济发展和政绩的强大影响力，我国环境治理与立法在全局上呈现出"事件-应急"的短平快末端治理范式。条块分割的管理模式让层层细化下放的环保指标与实施细则在实际执行时完全取决于市县一级环保部门，这样低层次的环境治理常陷入停滞。各地方政府之间区域环境治理目标的差异使其无法对可能达成的协作机制中承担的责任达成共识。信息不对称、信任缺失等地方政府价值理念问题，地方经济发展不均衡引发的资源占有不均问题和现有"各管一段"的区域环境分割管理机制等导致我国跨行政区域间地方政府的环境治理协作碎片化。以市县级为单位的环境治理体系无法与全国性的金融市场协同一致，进而难以用绿色金融手段满足流域、区域环境共同治理的需要。

因此，参考欧盟与美国的流域、区域治理经验，在制度设计层面，我国应树立从中央到地方的区域共治管理思路：由中央政府主导制度设计，鼓励区域内各级政府之间的协调，在充分激发地方绿色发展的内部驱动力的同时，为地方的绿色金融市场机制，特别是排污权市场制定一系列原则，并给地方政府因地制宜的政策实施留有余地。在制度实施层面，应由国家牵头，地方各部委参与设立区域环境保护协调委员会，为区域的污染权交易机制与绿色产业融资建立区域统一的环境检测评价体系和信息共享平台，扩大现有的总量控制的污染权市场机制的影响范围，鼓励各省在环境治理的各领域积极寻求横向合作，推动区域内整体绿色环保目标的达成。

5.政府与金融机构的交互

下面简要细化一下在绿色化阶段，金融机构与企业投融资交互，也即绿色金融的业界参与部分内容。针对中国国情，我们认为对于截至 2018 年 6 月 1 日的较为普遍的绿色金融产品和服务，应有以下所示的改进与创新措施：

（1）商业银行

对于商业银行，政府应在自愿的基础上推动各银行之间建立不仅仅局限于项目融资的其他可持续原则，还应该鼓励金融机构发放更多绿色贷款，积极采用创新型金融工具克服绿色项目的期限错配问题。中央与地方政府也应进一步通过利息补贴、转贷和贷款担保等机制，适当利用公共财政鼓励绿色增长。

（2）绿色债券

对于绿色债券，政府应该鼓励金融机构重点建立完善的绿色债券指数和评级机制，降低风险溢价以及认证和信息披露的成本，在向国内投资人宣扬绿色债券优势的同时开放国际市场，鼓励境外资本跨境投资。

在金融市场开放的同时，中国也需做好应对开放带来金融风险的准备，如开放绿色金融市场可能造成本国资金外逃，加剧汇率不稳定性，影响我国外汇储备乃至经济系统安全。另外，要防范外国资本过度注入导致本国金融活动对外资的过度依赖，进而使我国丧失金融市场的定价权与本国资本在金融市场上的话语权。

（3）绿色保险

目前，我国绿色保险应用范围较窄，主要险种为环境污染责任险，缺少在发达国家应用较广的可再生能源项目保险、绿色建筑保险等其他险种。因此，应进一步扩展绿色保险的定义和范围，明确和细化绿色保险的分类，对于核心的环境污染责任保险评估机制进行重新设计，确保多方参与的综合磋商进程。

此外，保险涉及对环境气候风险的管理。在绿色化阶段，特别在保险行业应使用大数据技术对环境数据进行分析，以加强金融乃至于社会生产的各部门领域应对环境风险的能力。我们认为主要措施是建立一个以行业为主导、以用户为核心、以学界为主体的环境风险评估中心，为学术界与行业间的信息交换提供平台。该中心的作用并不是开展环境气候分析，而是开发工具和指标，将气候和环境数据产出整合到可在主流金融体系内使用的更广泛的风险建模框架中。

（4）一些共识——绿色金融评级与度量机制

在绿色化阶段，对中国绿色金融领域的各参与主体，为了进一步识别和评估绿色投资的进程与有效性，为去绿色化阶段全社会企业广泛披露可持续发展数据做准备，亟须由政府建立全国统一的绿色金融评级与度量机制。这一机制包括：

第一，对绿色金融流量与存量的评价指标体系。针对绿色金融领域的各金融产品与市场建立普遍的绿色金融指标，为政府评估绿色金融市场发展状况，进行政策评估打下基础。

第二，绿色金融实施情况的绩效评估体系。政府应建立和完善对金融机构及资本市场参与者是否在决策中履行可持续原则、在投资过程中进行环境风险评估等行为的"绿色绩效"评估机制。

第三，对绿色金融可能造成的社会、经济影响的评估体系。

三、去绿色化阶段

（一）去绿色化阶段概述

在绿色化阶段，环境的成本和收益还没有被充分内生化，因而绿色投资通常被投资者认为是高风险的。相比于传统的、资源密集的、高污染的投资，绿色投资往往涉及更多的前期投资和更慢的回报速度。因此，在绿色金融逐渐起步的绿色化阶段，绿色投资对私人部门尚未显现出其独特吸引力，绿色投资通常是在政府部门的主导下进行，或者通过显式或隐式的补贴实现的。但是，绿色投资的融资需求不断增长，远远超过了公共预算。因此，动员私人资本加入绿色投资是非常必要的，在绿色金融市场的发展过程中，不能也不应该一直依靠政府来推动绿色投资的发展。

绿色金融发展到在这一阶段，开始逐步成为金融体系不可或缺的一部分，逐渐褪去其在绿色化阶段的特殊性，成为金融体系发展过程中的一种常态。这个阶段被称为去绿色化阶段。

在去绿色化阶段，从主观意愿上来看，随着绿色金融的逐步发展，消费者逐步形成较强的环保意识，在消费决策上体现为更愿意直接选择购买环保产品，在行动上体现为愿意采取更为绿色的生活方式；政府尝试逐步减少对绿色金融市场的干预，逐渐退出新兴的绿色金融市场。在这个阶段，绿色金融的发展主要依靠市场的主动行为而非政府的强制干预。

（二）去绿色化阶段交互分析

1.政府与企业的交互

在绿色化阶段，政府为绿色发展项目提供了隐性担保，反映出地方财政救济和行政债务重组，这样的隐式担保能够降低投资者的风险，但是也会切断市场的"创造性破坏"机制，阻止合理的风险定价。这样一来，企业和银行倾向于发展出一种政府将作为最后的手段介入的预期，软预算约束就会成型，不利于绿色金融市场的可持续性发展和效率的提升。虽然一个有效的绿色金融体系仍然需要政府的支持，但是这种支持应当逐步从隐式转为显式。

（1）信用担保

在企业信用担保方面，政府对绿色企业的支持通过基于政策的信用担保机构和信用增级实现。信用担保具有保证绿色责任履行、减少信息不对称、风险管理、降低市场交易成本等功能。通过专业化的绿色金融担保服务，政府可以调整金融机构对环境风险的认知，深化对与环境因素相关的金融风险的理解，完善定价机制，调整和不断健全将环境外部性内部化的机制体系，满足产业、能源和交通等主要领域的绿色投资需求。政府能够通过运用市场化手段，有效缓解绿色金融面临的环境外部性、期限错配、信息不对称、分析能力不足等问题。

（2）市场准入

在企业市场准入方面，政府应该实行严格的市场准入政策，为企业的市场准入设定合理的标准，正确量化企业的绿色程度，并根据绿色程度判断从事市场经营活动需要遵守的条件和程序规则。这样的政策标准适用于市场中的所有企业。通过这种方式，政府可以将绿色化阶段中在政策上对绿色企业提供支持的方式，逐步转变为对绿色程度不合要求的棕色企业的限制与约束。在保证绿色程度的要求的基础上，政府要根据企业绿色程度的不同判断是否可以优先审批，使绿色程度更高的企业优先完成审批。

（3）信息披露

在企业信息披露方面，政府通过立法形式强化环境信息披露，建立一个高度透明的环境信息披露机制，要求企业披露环境资源的利用情况和环境污染的治理情况的详细信息，加强环境监督和信息核查能力，降低市场的信息不对称。这样的环境信息披露机制对所有企业都提出了要求，使得环境信息披露成为必须，进一步推动了去绿色化过程。

通过上述方式，将政府对绿色企业的支持由隐式转化为显式，能够提升绿色金融市场的效率，保证绿色金融市场的可持续发展。

2.企业与消费者的交互

随着法律法规的逐渐成熟，涉及环境风险的"两高一剩"行业将面临很大的风险，棕色企业要么在政策引导下逐步完成转型升级，要么逐渐被市场淘汰。由此一来，环境带来的外部性被成功内生化，绿色在企业和消费者的效用函数中都占据了更大的份额。

在去绿色化阶段初期，消费者的环保意识达到一定程度，绿色指标在其效用函数中起到一定作用，消费者愿意主动购买绿色产品。消费者的绿色行为将以绿色积分等形式体现，积分机制逐步完善，覆盖诸如绿色出行、绿色消费、绿色投资、绿色公益等多方面的绿色行为，绿色行为得到合理量化，积分机制更为合理。在消费者的配合下，政府节省下的对绿色企业的补贴、污染治理等支出可用于城乡垃圾处理设施建设、城镇污水处理设施建设、城市道路绿化、重点流域水污染治理、燃煤电厂烟气脱硫、医疗废物及危险废物处置、核与辐射安全工程、铬渣污染治理、重点流域水污染治理工程等环境改善项目。

而绿色企业本身也会在发展壮大的过程中产生规模经济效应，竞争优势稳步提升，同时绿色化的过程中产生的副产品也可考虑进一步使用，通过循环再利用做到零排放。绿色企业可以根据实际情况，选择性地扩大经营范围，增加产品种类，扩大范围经济效应。绿色企业通过规模经济和范围经济具备了远超棕色企业的竞争优势，在市场上良性发展，逐步取代棕色企业，改变市场上棕色企业占主导的局面。这样一来，绿色产品将成为市场上的主要产品。上述过程便如同新能源电动车推广应用的过程，新能源电动车初步推广时，市场中传统的以汽油燃烧为动力驱动的汽车占据主导地位。相比于加油站等基础设施建设的完善程度，充电基础设施建设刚刚起步，为数不多的充电基础设施属于公司内部财产，外部车辆很难享受充电的便捷，这在无形中影响了潜在消费者购买电动车的积极性。而如同加油站数量的增加促进了燃油车的发展，充电设施理应达到相应的密度提升电动车社会保有量。

随着绿色金融体系的进一步发展，绿色观念深入人心，绿色产品逐渐成为消费者购买产品时的习惯性选择。同样，新进入市场的企业也会把产品绿色化视为必要任务。如此一来，去绿色化的进程又将向前推进一大步。

3.企业、金融机构、消费者三者之间的交互

在第一阶段，中国的绿色融资主要是通过银行的绿色信贷，隐性地得到公共资金的支持和保障。虽然在"赶超"阶段，政府的干预使得快速、大规模的融资成为可能，但是绿色项目涉及更为复杂的技术、市场和政策风险，并且没有一条清晰的技术路线。银行缺乏评估创新绿色项目所需的专业知识，而倾向于直接向国有企业或有担保企业提供贷款，这样一来，快速、大规模、长期的资金分配很容易导致行业层面的资金错配和随后的系统性金融风险。

而通过绿色资产、绿色债券和抵押贷款市场的发展直接融资，将会从机构

投资者、中介机构和风险投资者那里获得更多样化的评估绿色项目的视角,加强风险定价能力,扩大金融服务供应范围。多视角的评估同时也避免了银行缺乏评估创新绿色项目所需的专业知识而造成的盲目借贷、拒绝借贷问题,使得绿色金融市场得以良性发展。因此,在政府前期的引导结束后,绿色金融市场应当自主承担价格发现、信息甄别、风险管理等任务。

在去绿色化阶段初期,消费者出于环保意识和绿色积分激励,储蓄时会更多地倾向于购买金融机构推出的绿色金融产品。但是随着绿色金融市场的发展壮大,诸如绿色债券、绿色保险等金融产品逐渐褪去其特殊性,绿色信贷项目转化为常规项目,绿色成为金融产品普遍具有的属性。在这种情况下,为棕色企业融资的不具备绿色属性的金融产品就会被投资者排斥,成为具有特殊性的金融产品。

同样的,在去绿色化阶段之初,银行和其他金融机构提供绿色信贷项目,在开展信贷资产质量压力测试时,将环境和社会风险作为重要的影响因素,并在资产配置和内部定价中予以充分考虑。金融机构对环境高风险领域的贷款和资产风险敞口进行评估,定量分析风险敞口在未来各种情景下可能带来的信用和市场风险的同时,为绿色企业的发展提供了助力,有效抑制了污染型企业的进入。

而当市场内的污染型企业减少到一定量后,绿色企业占据主导位置。如同政府与企业之间的交互,当绿色成为市场的主要力量时,去绿色化的过程就开始了。这时绿色信贷项目将逐渐转化为一种常规的存在,而不会因为其绿色的标签带有特殊性,绿色金融市场开始逐步去绿色化。

4.企业与第三方机构的交互

企业的绿色程度需要由第三方机构进行评估,在绿色的前提下,应该对不同企业的绿色程度给出合理的量化评估准则。第三方机构为绿色企业提供审计,对其重大项目和财务收支进行事前和事后的审查。

（1）信息获取

在信息获取方面，第三方机构构建企业环境信息基础数据库，建立企业环境信息的共享机制，尽可能降低信息不对称程度。同时，第三方机构应当在政府和消费者的共同监督下运营，通过多方信息比较验证和信息的防篡改机制，保证信息的真实有效。

（2）信息公开

在信息公开方面，第三方机构向政府和消费者提供绿色企业的信息，使政府和消费者具备甄别市场上的绿色企业和棕色企业的能力。同时，绿色程度更高的企业进入市场后，需要经历一定的成长阶段，而第三方机构提供的信息有助于绿色程度更高的企业更快地被消费者接受，具备快速发展壮大的能力。在去绿色化的阶段，仍然需要通过第三方机构维护市场中企业的绿色程度的评级信息，通过这种方式保证绿色金融市场的良性发展。

由于第三方机构对绿色企业的审计和评级对绿色企业本身有所助益，绿色企业有动力向第三方机构寻求审计。

于是，由第三方机构向政府和消费者提供企业的绿色程度信息，政府和消费者通过调整税收或者主动消费等行为对绿色程度不同的企业进行相应的反馈，绿色企业获得激励保持或提高已有的绿色化程度，并向第三方机构提供资金，使得第三方机构能够通过提供信息和接受审计委托形成多个正反馈环。

综上所述，在去绿色化阶段，多方交互逐渐改变在绿色化阶段的形式，绿色金融市场逐渐褪去其特殊性，成为金融体系的新常态。

第二节 未来绿色金融展望

一、未来绿色金融概述

（一）未来绿色金融参与者

经历去绿色化阶段后，未来绿色金融参与者包括实行绿色生产的企业、推行金融机构绿色化与去绿色化的政府、国际组织（如世界银行）、第三方机构，以及商业银行和投资银行等金融机构，也包括具体的金融工具，如碳基金、碳币等。

（二）未来绿色金融工具

未来绿色金融工具将融入整体金融体系，是金融体系中必须考虑的一环，可分为银行类绿色金融工具、绿色担保与绿色保险、绿色债券及其证券化三大方面。

1.银行类绿色金融工具

银行类绿色金融工具主要包括整合于银行整体服务中而又体现绿色的金融工具，包括绿色融资、绿色基础建设贷款、绿色评级、绿色信用卡与绿色支付等。

对于企业来说，由于未来绿色金融世界普遍实现了绿色化，绿色评级已成为项目筹措资金中必不可少的评价环节，获得项目融资的大部分为绿色项目。由于未来基础设施的普遍绿色化，绿色基础设施建设投资回报率提高，包括政府、银行和私人资本等在内的资金将流入绿色基础设施建设中，以PPP（政府与社会资本合作）模式共同实现绿色基础设施的融资与开发。针对企业生命周期生产的绿色评级机制被用于银行的投资决策中，同时由于全生命周期环境友好的企业更可能实现成本最小化，同时其资源的循环利用，即循环产业发达，使其产品在市场上更具有竞争力，因而其绿色评分较高，更容易获得银行的资金注入。

对于消费者而言，绿色信用卡和绿色支付记录了其在市场上的消费行为，并结合绿色系统数据库和企业的绿色评分，以人工智能、云计算等方式实时更新消费者的绿色积分，将其与个人信用相结合。考虑到未来绿色经济中绿色行业环境友好，成本较低，绿色积分可反映出消费者进行决策时的理性程度。对于理性的消费者而言，其绿色积分往往更高，在信用卡额度和绿色支付等方面将获得更大的便利，这项激励机制配合绿色金融的创新模式将给予消费者正向的引导，使其与绿色金融世界能够更好地契合。绿色信用也是消费者绿色评分的组成部分之一。

对于银行而言，绿色信用卡和绿色支付也是银行业绩的考核项目之一。需要指明的是，绿色信用卡和绿色支付在经历去绿色化阶段后已普遍化，即日常的信用卡和支付方式早已与"绿色"结合在一起，没有"不绿色"的支付方式存在，"绿色"仅指其在全生命周期中的环境友好和资源节约程度。

2.绿色担保与绿色保险

在绿色担保与绿色保险方面，由于国家依然存在，由政治因素导致绿色产品价格波动，或者存在交付风险以及不同国别间绿色评级机制脱节等问题也将长期存在，这也是绿色担保与绿色保险的主要职能。如果因政治事件导致投资者遭受了损失，如国际局势动荡导致交付无法发生时，则承保人将对其提供保险，以此来减少绿色金融市场中的不确定性，降低交易成本，同时这样做还有利于全球金融市场的融合。对于金融机构而言，绿色项目评估和开发活动中寻租和其他内生性的风险依然存在，绿色保险产品可以起到稳定市场、减少损失等作用。值得注意的是，由于未来金融世界的普遍绿色化，绿色保险的主要关注点并非其"绿色性"，而是其"保险性"，因为绿色已成为产品中不可缺少的一部分。

3.绿色债券及其证券化

未来绿色金融世界中的绿色债券及其证券化主要针对的是长期的资源损耗和环境风险，如气候变化债券、森林债券、生态证券等，而普通绿色企业的融资债券经去绿色化后已转为普通债券，因为普通债券和证券已普遍实现了绿色化。具体而言，对于未来世界中的森林债券，主要是用于解决森林再造问题，债券的购买者可能是森林再造的直接受益者或森林部分权益的支配者，如在一定期限内通过旅游、合理垦伐等方式来获取收益。类似于气候变化债券、森林债券的绿色债券及其证券化都是在一个较长的时间范围内，实现环境保护或减少资源损耗的资金筹措方式。

二、未来绿色金融特点

经历了绿色化与去绿色化的阶段后，未来绿色金融世界基本轮廓大致成型，并具有普遍性、体系性、全生命周期性和开拓性四大特征。

（一）普遍性

普遍性是高度去绿色化的体现，即经济生活中的投资方与企业普遍将绿色化作为基本要求而逐渐减少对"绿色"的过分强调。具体可体现为以下两个方面：

1.基础设施普遍的绿色化

城市交通向紧凑型方向发展，实现交通的低碳化。在未来的绿色基础设施中，类似PPP模式的市场化手段可解决资金筹措问题，并为基础设施的建设提供更节能、更环保的建议。同时，绿色建筑的普及也意味着建筑业的普遍节能化，这使得只有在生命周期中实现绿色化的企业才会拿到融资。灾害应急设施趋于完备，能够应对气候变化导致的海平面上升可能对城市造成的损害，并尽可能利用这些资源，使其"变废为宝"，如进行水力发电等。

2.全球绿色金融市场的融合

未来的全球绿色金融市场将融为一体，金融机构在决策时将会把全球环境利益放入其效用函数中。

（二）体系性

从一个公司的基础设施、产品流通环节和其所用到的中介服务中，我们可以看出未来在公司的整体体系中绿色早已成为普遍要求，而绿色金融是必不可少的。

在公司的基础设施中，外部的政府需要提供完备的绿色金融法律，公司自身需要有基础研究和产品开发，而在产品开发中公司将生命周期分析作为基本评价方法。

在公司的产品流通这个环节，企业充分利用金融手段筹措资金，开发绿色技术和进行绿色生产，其生产的产品被贴上绿色标志并进行营销，直至进入消费者手中实现绿色消费。

其中，以绿色金融为核心的中介服务必不可少。绿色金融的评估和信息化管理有助于企业筹措资金、制定发展战略，同样绿色金融中介也会给公司提供绿色咨询和技术支持。绿色金融的体系化也是"去绿色化"的最终阶段和未来绿色金融世界的普遍特质，即整个产品链与金融体系的契合中都体现了"绿色"这一概念。

（三）全生命周期性

生命周期评价是以产品为核心，分析、识别和评估原材料、生产过程、最终产品或生产系统在其整个生命周期中的环境影响，其最初应用可追溯到1969年美国可口可乐公司对不同饮料容器的资源消耗和环境释放所做的特征分析。该公司在考虑是否以一次性塑料瓶替代可回收玻璃瓶时，比较了两种方案的环境友好情况，肯定了前者的优越性。

未来全生命周期评价具有普遍的专属基础数据库。该数据库与金融工具相结合，对资金的流向起到引导作用，同时人工智能将有利于快速制定决策。对于企业而言，其全产业链的生命周期化意味着其在融资时必须提供整个公司上下游的污染情况，如此可避免金融资产流向本环节污染很轻但上下游污染十分严重的企业中，而这也意味着金融意识的生命周期化。在本国金融市场生命周期化后，全球金融市场也将生命周期化，这也意味着污染转移将无从发生，因为金融投资考虑到了其产品的整个生命阶段，而并没有将视野局限在一个国家内。最后具有挑战性的是金融本身的生命周期化以及金融与信息技术的创新，绿色金融存在是为了更高效、更环保地利用资金，但如果绿色金融本身导致的环境伤害超过其带来的价值，那么绿色金融本身也意味着消亡，这时候如区块链等技术将直接沟通投资者和企业，避免了中间的金融机构，也将减少一部分环境伤害。换言之，绿色金融机构本身也必须进入生命周期评估中，考虑其存在的价值。

（四）开拓性

经历高度去绿色化的未来绿色金融世界中，绿色早已成为基本需求而不再是奢求，绿色金融手段将进一步丰富，并可能与区块链、人工智能相结合，绿色金融的理念将进一步深化。例如，在金融决策者制定决策时，传统方式仅仅考虑其投资回报率，而这种往往与公司历年的绩效相关，金融公司需要结合信息进行筛选和数据处理，以便得出适合投资的公司。但这一数据的处理与决策过程本身意味着资源的消耗与数据的汇总，既要防止数据被篡改又要让数据便于处理。区块链可以解决前者，即其去中心化性保证了数据的保密性，其不可篡改性保证了数据的真实性，而数据的智能处理和筛选可交给人工智能完成。这有利于零散数据的快速整合和决策的迅速制定。

未来绿色金融体系将形成正反馈机制，技术与金融手段共同进步，相辅相成，不断有更新、更绿色、成本更低的技术出现，并随之产生与之相匹配的金融手段。为解决全球环境问题，将形成全球绿色金融联盟实体，进行全球环境决策、产业循环和生命周期评估。无论怎样，未来绿色金融的导向性为源头控制而不再是末端治理，即从产品诞生之前就已经利用金融手段决定了其发展方向，而非其环境污染出现后再用金融方法补全漏洞。绿色金融工具必将全面考虑生命周期化。

三、绿色评级考核机制

未来金融世界中的绿色评级考核机制是绿色金融的核心之一。这一评级考核机制不仅仅适用于企业，也与金融机构本身密不可分。

绿色评级考核主体多元，涉及企业、金融机构、政府、消费者和第三方机构。这些主体本身也是绿色考评的对象，也有属于自己的"绿色评分"。

（一）企业绿色考评

企业的绿色考评是金融机构绿色考评的基础。

企业先对其本身定期进行绿色评估，确保绿色设施的运行和更新，披露其绿色运行状况，同时将其数据整合到全产业链的整个生命周期中，通过这些数据披露可以追本溯源到产品整个生命周期中的各项绿色评分。

政府通过定期检查和突击抽查等方式对企业进行核查，并给予政府权重的绿色评分。企业绿色评分与政府相差过大时将对其扣分处理。

消费者对绿色产品起到监督作用，在遇到产标不一致或其他问题时给予投诉差评，使其绿色评分下降。

金融机构的投资情况同样可以作为企业评分的重要参考，获得重点绿色金融机构注资的公司本身也可获得加分，但金融机构与企业存在不正当交易时将予以大幅降分。

以上的评级均有其权重，最后加权平均，排除企业规模差异的标准化后作为企业的绿色评分。结合云计算功能，其绿色评分将实时动态更新。

（二）金融机构绿色评分

对于未来绿色金融体系，全生命周期评价可与绿色企业的评分机制相结合，并与金融机构挂钩，即金融机构本身也具有绿色评分，其绿色评分是被投资公司生命周期链中评分最低公司的绿色评分，并予以标准化。金融机构的绿色评分是其决策理性和效益的体现，对于决策良好的金融机构，其绿色评分较高。由于金融机构往往只投资全产业链中的一环，而这一环的绿色程度很有可能与其他环节不一致，如果说该环节的环境成本较小，而其他环节的环境成本很高，那么金融资本的注入同样会导致整个产业链环境成本的提高，而金融机构的绿色评分机制将有效避免大量资金注入整个生命周期环境负担严重的企业。

金融机构的绿色评分也将金融机构自身运作时产生的环境效应考虑在内。金融机构运作时不可避免有环境代价，这些环境代价是以往被忽略了的。如果金融机构想给企业一个绿色评分，其本身必须也有一个绿色评分，因为金融机构同样也是一类特殊的企业。如果金融机构本身的环境代价很大，则其绿色评分将会大受影响，其存在与去留也将成为问题。如果区块链、人工智能等渠道的金融方式比传统实体金融机构的环境代价更小，那么这将是金融进一步演化的方向。

金融机构的绿色评分对企业决策同样存在影响。当企业选择金融机构时，绿色评分较高的金融企业往往具有全局意识，并对整个产业链都有了解，更有可能对企业的发展提供建议和帮助，也能帮助企业筹措到相关产业链的资金，从而帮助企业进行重组和升级。如果说金融机构的绿色评分对其名誉和后续发展存在影响，金融机构就更会关注并尽量提高自己的绿色评分，这一正反馈机制是市场不断向着绿色升级的演进动力。这也是绿色金融评分机制的核心作用之一。

（三）第三方机构的绿色评分

第三方机构主要起到监督和评分的作用，评分的范围主要为金融机构和企业。第三方机构通过企业联盟等信息筹措渠道，结合实地考察和模型计算等多种方式，对金融机构和企业进行考评。考评的原则同样遵循生命周期分析。

此外，第三方机构也有属于自己的绿色评分，体现其对金融机构和企业考评的专业性和准确性。这一评分是政府、企业的实际表现和金融机构的决策情况、消费者的监督共同决定的。

（四）消费者的绿色评分

在金融工具普遍平民化和数字化的未来世界，消费者和投资者早已密不可分。当投资者通过日常渠道进行投资时，金融机构会更关注这些投资者的绿色评分。绿色评分高的投资者本身就是绿色评分高的消费者，即其消费行为与投资行为是相互影响的。例如，消费者将闲置资金注入未来"余额宝"时，其年化利率与其绿色积分的多少呈正相关关系。绿色积分较高的消费者往往具有较强的消费能力和较高的金融意识，也更有可能会有较多的投资经历，对其推送的理财产品也会更加多元化；而绿色积分较低的消费者往往是较为保守的投资者，对其推送的理财产品往往具有更低的风险。

参 考 文 献

[1] 陈青松，张建红.绿色金融与绿色 PPP[M].北京：中国金融出版社，2017.

[2] 蓝虹.环境金融新论：体系与机制[M].北京：中国金融出版社，2018.

[3] 蓝虹.促进生态文明建设的绿色金融制度体系研究[M].北京：中国金融出版社，2021.

[4] 李传轩.生态文明视野下绿色金融法律制度研究[M].北京：知识产权出版社有限责任公司，2019.

[5] 李晓西，夏光，等.中国绿色金融报告.2014[M].北京：中国金融出版社，2014.

[6] 李志青，丁丽霞.衢州绿色金融的探索与实践[M].上海：复旦大学出版社，2021.

[7] 李志青，符翀.ESG 理论与实务[M].上海：复旦大学出版社，2021.

[8] 刘宏海.以绿色金融创新支持京津冀协同发展[M].北京：中国金融出版社，2018.

[9] 马骏，安国俊，等.构建支持绿色技术创新的金融服务体系[M].北京：中国金融出版社，2020.

[10] 马骏.国际绿色金融发展与案例研究[M].北京：中国金融出版社，2017.

[11] 马文杰.绿色金融：政策激励与市场发展[M].上海：上海财经大学出版社，2021.

[12] 宋敏，唐方方，张生.绿色金融[M].武汉：武汉大学出版社，2020.

[13] 孙红梅.绿色金融风险控制与运行机制研究报告[M].上海：上海财经大学出版社，2020.

[14] 王小翠.供给侧改革视角下的绿色金融模式研究[M].徐州：中国矿业大

学出版社，2019.

[15] 吴开尧，杨青骥，刘慧媛.基于 SEEA 的绿色金融创新[M].合肥：中国科学技术大学出版社，2015.

[16] 奚宾.中国绿色金融有效供给研究[M].上海：上海社会科学院出版社，2021.

[17] 徐枫.绿色金融的发展与创新：基于广东的实地调研[M].北京：中国金融出版社，2015.

[18] 姚星垣.绿色金融：结构优化与绿色发展[M].北京：中国金融出版社，2021.

[19] 张伟.北京绿色农业金融发展机制研究：基于供应链金融的探讨[M].北京：中国金融出版社，2018.

[20] 张哲强.绿色经济与绿色发展[M].北京：中国金融出版社，2012.